You have played with
desire and loyalty.
Congratulations and
good luck. A Toomey
14 June, 1973

The International School
of Brussels

Bruxelles – Brussel – Brussels – Brüssel – Bruselas

Bruxelles
Brussel
Brussels
Brüssel
Bruselas

Texte de

Jo Gerard

Photos :

C. van den Bremt

Meddens

© Les Ateliers d'Art graphique Meddens, s.a., 141-143 avenue de Scheut – 1070 Bruxelles (Belgique)

Dépôt légal : D/1973/0062/40 – 090/2ᵉ trimestre 1973

ISBN 2-87013-000-7

Printed in Belgium

Introduction

Bruxelles est vraiment le carrefour de l'Occident. La capitale des Belges ne se situe-t-elle pas, à vol d'oiseau, à 297 km de Paris, 300 de Londres, 168 de La Haye, 244 de Bonn et 218 de Luxembourg?

Centre de passage, de commerce et d'échanges, Bruxelles n'a ménagé aucun effort pour tenir le rang que la géographie lui avait donné. Elle est la plaque tournante de tous les transports belges. Comme ceux-ci se raccordent aux grandes lignes européennes, Bruxelles est, en fait, au nœud des réseaux de six pays: Angleterre, France, Luxembourg, Pays-Bas, Allemagne et Suisse. Les trains internationaux la traversent par la jonction Nord-Midi, et 200 lignes d'avions font escale à l'aérodrome de Bruxelles-National. Quant au chemin de fer, c'est bien simple: il est partout en Belgique puisque l'on y compte 32 km de voies ferrées par 100 km carrés de territoire.

C'est à Bruxelles encore qu'aboutissent toutes les routes belges. Ces routes sont devenues des autostrades.

Dans la ville même, d'énormes travaux ont été terminés en un temps record pour doter la capitale, grâce à des passages souterrains, d'une circulation rapide et de vastes parkings.

Bruxelles est le centre du gouvernement. Toutes les nations y entretiennent une représentation diplomatique. Toutes les administrations, tous les services publics de Belgique ont, ici, leur direction. L'étranger a depuis longtemps reconnu cette position centrale puisque la capitale belge est celle où le plus grand nombre d'associations internationales ont leur siège. Les salles de conférence, par exemple, qui sont extrêmement nombreuses et diverses, peuvent abriter au total 25.000 personnes...

Fière de son présent, confiante en son avenir, Bruxelles comme toutes les anciennes cités, possède ses armoiries bien décrites par l'historien Louis Quiévreux.

Il nous dit que les armoiries actuelles octroyées par un arrêté du roi Léopold Ier, en date du 25 mars 1844, sont de gueules (rouge) au saint Michel d'or, terrassant le démon de sable (noir), l'écusson timbré d'une couronne de comte (rappelant l'ancien comté de Bruxelles).

Inleiding

Brussel is werkelijk het kruispunt van Europa. In vogelvlucht ligt de Belgische hoofdstad immers op 297 km van Parijs, 300 van Londen, 168 van Den Haag, 244 van Bonn en 218 van Luxemburg.

Als doorgangs-, handels- en wisselcentrum, heeft Brussel geen moeite gespaard om de haar toebedeelde geografische rang alle eer aan te doen.

Brussel is de draaischijf van alle Belgisch vervoer. Vermits dit verbonden is met de grote Europese lijnen, ligt de stad in feite aan het beginpunt van een wegennet dat zes landen bestrijkt: Engeland, Frankrijk, Luxemburg, Nederland, Duitsland en Zwitserland. Dank zij de Noord-Zuid-verbinding doorkruisen de internationale treinen de stad en 200 luchtvaartlijnen hebben de luchtbasis Brussel-Nationaal als landingsplaats.

Eenvoudiger nog voor wat het verkeer per spoor betreft: men vindt het overal, vermits België beschikt over 32 km spoorlijn per 100 km².

Het is ook te Brussel, dat alle grote Belgische wegen, die thans autosnelwegen geworden zijn, hun eindpunt vinden.

In de stad zelf werden in een recordtijd, enorme werken beëindigd, die de hoofdstad, dank zij een ondergronds net, hebben begiftigd met een snel verkeer en uitgestrekte parkings.

Brussel is ook het centrum van het landsbestuur. Alle naties hebben er hun diplomatieke vertegenwoordiging. Alle administraties, alle Belgische openbare diensten hebben hier hun directiekantoren. Deze centrale positie werd zeer spoedig door het buitenland erkend, vermits precies te Brussel het grootste aantal internationale verenigingen hun zetel hebben. Zo bezit Brussel een bijzonder groot aantal conferentiezalen, die in totaal tot 25.000 personen kunnen bevatten.

Trots op het heden, vertrouwend op zijn toekomst, bezit Brussel, als alle oude steden zijn welomschreven wapen. Wij citeren de historicus Louis Quiévreux die zegt, dat het huidige wapen werd verleend dank zij een wetsbesluit van Leopold I, uitgevaardigd op 25 maart 1844. Het is samengesteld uit kelen (rood) met gouden sint Michiel die de zandduivel (zwart) velt. Het wapen draagt een gravenkroon in herinnering aan het oude graafschap Brussel.

C'est encore l'érudit Louis Quiévreux qui se demandait d'où venait l'« x » de Bruxelles. Les éthymologistes, précisait-il sont divisés. Certains parlent d'un Broeksele ou habitation des marais, d'autres d'un Bruogsele ou habitation près d'un pont. Ce pont primitif serait situé à l'endroit où les deux bras de la Senne se rejoignaient après avoir formé des îles.

La graphie « Bruocsella » est mentionnée, dès 966, dans un diplôme délivré par Otton Ier, énumérant les biens relevant de l'abbaye de Sainte-Gertrude de Nivelles.

Éthymologiquement donc, qu'on se base sur broek ou sur brug, la prononciation bruxelles devrait avoir le pas sur l'autre. Mais les documents courants de diverses époques portent Brussel, Bruesel, Brusselle, Brusele etc. Les imagiers brabançons qui, au début du XVIᵉ siècle, exportaient jusqu'en Scandinavie des retables de bois sculptés, apposaient sur leurs œuvres la marque Bruesel. Ceci prouve que pendant une bonne partie du moyen-âge, pendant toute la Renaissance, les temps modernes et jusqu'aujourd'hui, les habitants de Bruxelles ont dit « Brusselles » et n'ont jamais cessé de le dire.

Mais que désigne-t-il exactement le nom de Bruxelles ? Le R. P. Mols, auteur d'un curieux volume sur les Bruxellois, estime que dans sa forme actuelle, la commune de Bruxelles (3.291 ha ; 170.249 habitants) ne répond ni à une réalité historique, ni à une unité géographique, ni à une entité économique, ni à un milieu psychologique. Elle englobe trop ou trop peu.

Seules deux notions sont admissibles : celle qui restreint Bruxelles au périmètre de sa deuxième enceinte ; celle qui étend Bruxelles à toute l'agglomération. La première s'arrête au tracé pentagonal facilement reconnaissable des boulevards circulaires intérieurs.
La deuxième englobe tout le territoire compris dans un rayon de quelque 6 à 7 km : la vieille ville, les parties annexées et les 18 communes-faubours demeurées autonomes ; en tout, 16.176 ha et plus d'un millions d'habitants.

Géographes, économistes, urbanistes, et sociologues se prononcent sans hésiter pour cette dernière définition de Bruxelles considérée telle une vaste agglomération moderne.

Wij gaan nogmaals bij Louis Quiévreux te rade, in verband met de schrijfwijze en de 'x'-uitspraak van de Franse naam 'Bruxelles'. De meningen van ethymologisten, schrijft hij, zijn verdeeld. De enen hebben het over een Broeksele of woonoord in het moeras, de anderen over Bruogsele of woonoord nabij een brug. Deze brug zou gelegen hebben op de plaats waar de twee Zennearmen, die de eilanden omsloten, terug samenkwamen.

De schrijfwijze 'Bruocselle' vinden wij, vanaf 966, vermeld in een door Otto I verleende akte, waarin de goederen van de Sint-Gertrudisabdij van Nijvel worden opgesomd.

Ethymologisch gezien, en of men zich nu baseert op 'broek' of op 'brug', zou de uitspraak 'brukxelles' het op alle andere moeten halen. Maar daartegenover staat dat in de lopende documenten, over meerdere perioden, de naam wordt gespeld als 'Brussel', 'Bruesel', 'Brusselle', 'Brusele' enz. De Brabantse kunsthandelaars, die bij het begin van de 16de eeuw tot in Skandinavië gebeeldhouwde houten retabels uitvoerden brachten op deze kunstvoorwerpen de stempel 'Bruesel' aan. Wat bewijst, dat gedurende een goed deel van de middeleeuwen, gedurende de hele renaissance, de moderne tijden en tot op heden, de inwoners zelf de naam hebben uitgesproken als 'Brusselles' en dit overigens nog doen.

Maar wat betekent nu precies de naam 'Brussel' ? E. P. Mols, auteur van een curieus boekje over de Brusselaars, is de mening toegedaan dat de gemeente Brussel in haar huidige vorm (3.291 ha ; 170.249 inwoners), noch aan een historische werkelijkheid, noch aan een geografische eenheid, noch aan een economische entiteit, noch aan een psychologisch milieu, beantwoordt. Zij omvat te veel of te weinig.

Slechts twee stellingnamen lijken ons mogelijk : deze die Brussel terugbrengt tot binnen de grenslijn van zijn tweede verdedigingsmuur ; of deze die Brussel uitbreidt over de gehele agglomeratie. De eerste bepaalt zich tot het gemakkelijk herkenbare vijfhoekige tracé van de ringlaan. De tweede omvat het hele gebied gelegen binnen een straal van ongeveer 6 à 7 km : de oude stad, de aangehechte gebieden en de achttien zelfstandig gebleven voorstad-gemeenten ; alles bij alles 16.176 ha en meer dan een miljoen inwoners.

Geografen, economisten, urbanisten en sociologen spreken zich zonder aarzelen uit voor deze laatste bepaling van Brussel, beschouwd als één grote moderne agglomeratie.

Brussels is truly located at the cross-roads of Europe. As the crow flies, it takes 297 km to reach Paris, 300 to London, 168 to The Hague, 244 to Bonn, and 218 to Luxembourg. As a thoroughfare, and a trade and exchange centre, the city has spared no effort in order to fulfil its geographical function. It is the marshalling yard of all Belgian transports. Since the latter are linked with the main European lines, Brussels is at the heart of the networks of six countries,—England, France, Luxembourg, the Netherlands, Germany, and Switzerland. International trains cross the city through the "Nord-Midi" junction, and 200 air-lines have landing rights at Brussels-National. As to railroads, they are to be found everywhere in Belgium, with her 32 km of railroads per 100 km^2.

All Belgian roads—now motorways— converge towards Brussels. In the city itself huge public works have been completed in record time, in order to equip the capital with subways for smooth trafic, and spacious parking facilities.

Brussels is the residence of the Royal Family, and the seat of Government. All nations have their diplomatic posts there. All sectors of public administration and service have their directorates in the city. Brussels's central location is illustrated by the fact that it hosts the largest number of international organizations. The city has numerous and various conference rooms, with an overall capacity for 25,000 people.

Brussels is proud of its present features, and looks forward confidently to the future. Like all ancient cities, it has its own coat of arms, aptly described by Louis Quiévreux, the historian.

He says the present coat of arms, granted through a decree by King Leopold I on March 25, 1844, is of gules, with a golden St. Michael bringing down a sable devil, the escutcheon crested with a count's crown (in recognition of the old Brussels county).

Louis Quiévreux also wondered about the origin of the letter "x" in "Bruxelles". Linguists, he noted, are divided over the issue. Some have suggested "Broeksele" (meaning: housing in marshes); other have propounded "Bruogsele" (housing near a

Brüssel ist wirklich ein Knotenpunkt Europas. Die belgische Hauptstadt liegt 297 km Luftlinie von Paris, 300 km von London, 168 km von Den Haag, 244 km von Bonn und 218 km von Luxemburg.

Als Durchgangspunkt und Handelszentrum hat Brüssel keine Mühe gespart, um dem ihr zukommenden geographischen Rang zu entsprechen.

Brüssel ist die Drehscheibe des belgischen Verkehrs. Da dieser mit den grossen europäischen Verkehrslinien verbunden ist, liegt die Stadt tatsächlich am Ausgangspunkt eines Strassennetzes, das sechs Länder durchkreuzt: England, Frankreich, Luxemburg, Holland, Deutschland und die Schweiz. Durch die Nord-Südverbindung der Eisenbahn durchqueren alle internationalen Züge die Stadt, Flugzeuge von 200 Luftfahrtgesellschaften landen auf dem Flughafen Brüssel-National.

Der Eisenbahnverkehr innerhalb Belgiens ist bequem; überall hin gibt es Eisenbahnverbindungen; Belgien verfügt pro 100 km^2 über 32 km Gleise.

Auch alle grossen belgischen Strassen, die jetzt Autobahnen geworden sind, haben ihren Endpunkt in Brüssel.

In der Stadt selbst werden in einem Rekordtempo enorme Bauarbeiten beendet, darunter das neue Untergrundbahnnetz, wodurch der Verkehr sehr schnell verläuft und die Hauptstadt grosse Parkplätze erhielt.

Brüssel ist auch das Zentrum der Landesregierung. Alle Nationen haben hier ihre diplomatischen Vertreter. Alle Verwaltungsbehörden, alle belgischen öffentlichen Ämter haben hier ihre Direktionsbüros. Das Ausland hatte diese interessante zentrale Lage bald erkannt und so kommt es, dass in Brüssel eine ausserordentlich grosse Anzahl internationaler Organisationen ihren Sitz haben. Dadurch wiederum hat Brüssel besonders zahlreiche Konferenzsäle, mit einer Totalkapazität von 25.000 Personen.

Brüssel, das stolz auf sich selbst ist und vertrauensvoll in die Zukunft schaut, besitzt wie alle alten Städte ein Wappen. Der Historiker Louis Quiévreux berichtet, dass das heutige Wappen Brüssel durch eine Verordnung Leopold I. vom 25. März 1844 verliehen wurde. Es zeigt auf rotem Feld den goldenen St.-Michael, der den Sandteufel (schwarz) besiegt. Obenan führt das Wappen eine Grafenkrone zur Erinnerung an die frühere Graftschaft Brüssel.

Bruselas es verdaderamente la encrucijada de Occidente. En efecto, ¿no está situada la capital de los belgas, a vista de pájaro, a 297 km de París, 300 de Londres, 168 de La Haya, 244 de Bonn y 218 de Luxemburgo?

Punto de tránsito, comercio e intercambios, Bruselas no ha escatimado esfuerzos para mantenerse en el rango que la geografía le ha dado. Es la placa giratoria de todos los transportes belgas. Como éstos se empalman con las grandes líneas europeas, Bruselas queda, de hecho, en el centro mismo de las redes de seis países: Inglaterra, Francia, Luxemburgo, los Países Bajos, Alemania y Suiza. Los trenes internacionales la cruzan por el enlace Norte-Sur, y 200 líneas de aviones hacen escala en el aeropuerto de Bruselas-Nacional. En cuanto al ferrocarril, es muy sencillo: está por todas partes en Bélgica ya que se cuentan 32 km de vías férreas por 100 km cuadrados de territorio.

En Bruselas es donde desembocan todavía todas las carreteras belgas. Estas carreteras se han convertido en autopistas.

En la propia ciudad, han sido llevados a cabo en un tiempo récord enormes trabajos para dotar a la capital de un tránsito rápido y amplios aparcamientos, gracias a pasajes subterráneos.

Bruselas es el centro del gobierno. Todas las naciones mantienen en ella una representación diplomática. Todas las administraciones, todos los servicios públicos de Bélgica tienen, aquí, su dirección. Hace tiempo que el extranjero ha reconocido esta posición céntrica puesto que en la capital belga es donde el mayor número de asociaciones internacionales tienen su sede. Las salas de conferencia, por ejemplo, que son extremadamente numerosas y diversas, pueden recibir 25.000 personas en total...

Orgullosa de su presente, confiada en su futuro, Bruselas como todas las ciudades antiguas, posee sus blasones muy bien descritos por el historiador Louis Quiévreux.

Este nos dice que los blasones actuales otorgados por un decreto del rey Leopoldo I, en fecha del 25 de marzo de 1844, son de campo de gules (rojo) con el San Miguel de oro, derribando al demonio de sable (negro), siendo el escudo estampado con corona de conde (remembranza del antiguo conde de

bridge). This early bridge could have been located at the spot where the two branches of the river Senne were meeting, beyond a a number of islets.

The term Bruocsella occurs in a charter issued, in 966, by Otto I, listing properties belonging to St. Gertrude Abbey, at Nivelles.

In terms of etymology, therefore, and whether based upon *broek* or *brug*, *Brukselles* should prevail in pronounciation. Documents from various periods, however, also mention Brussel, Bruesel, Brusselle, Brusele, etc... Image-carvers in Brabant who were exporting their wooden altar-pieces as far as to the Scandinavian countries, used to mark their works "Bruesel". This indicates that Brussels's inhabitants, from part of the Middle Ages onwards, throughout the Renaissance and up to the present day consistently have spoken of "Brusselles".

What does the name "Bruxelles" exactly mean? Father Mols, in a fascinating booklet devoted to its inhabitants, says that the Brussels borough in its present form (3,291 ha, population of 170,249) presents neither a historical reality, a geographical unity, an economic entity, nor a psychological environment. It is either more, or less.

Only two concepts can be upheld: either Brussels, limited to the perimeter of its second ring of surrounding walls,—or Brussels, inclusive of its whole built-up area. The first version stops at the familiar pentagon lay-out of the outer boulevards. The second one includes an area with a radius of some 6 to 7 km: the old city and its annexed territories, and the surrounding, autonomous 18 boroughs. In all: 16,176 ha, and more than one million inhabitants.

Geographers, economists, town-planners, and sociologists all are opting resolutely for the second definition, and consider Brussels as a large and modern conurbation.

In Verbindung mit der Schreibweise und der "x"-Aussprache in dem französischen Namen "Bruxelles" wollen wir nochmals Louis Quiévreux erwähnen. Die Etymologen sind darüber verschiedener Ansicht, schreibt er. Die einen sagen "Broeksele" oder "Wohnplatz im Sumpf", die anderen "Bruogsele" oder "Wohnplatz in der Nähe einer Brücke". Die Brücke soll an der Stelle gestanden haben, wo die zwei Sennearme zusammenflossen, die die Insel umschlossen.

Die Schreibweise "Bruocsella" findet man das erste Mal im Jahre 966 in einer Urkunde von Otto I., in der Güter der St.-Gertrudisabtei von Nivelles aufgeführt werden.

Etymologisch gesehen und sich berufend auf "broek" oder "brug" müsste die Aussprache "Brukselles" sein. Doch im Gegenteil davon steht in allen Dokumenten über verschiedene Perioden, der Name immer geschrieben als "Brussel", "Bruesel", "Bruselle", "Brusele" usw. Die brabantischen Kunsthändler, die zu Beginn des 16. Jh. geschnitzte hölzerne Retabeln bis nach Skandinavien exportierten, brachten auf diesen Kunstwerken den Stempel "Bruesel" an. Das beweist, dass gegen das Ende des Mittelalters, in der Renaissance, der Neuzeit und bis heute, die Einwohner selbst den Namen als "Brusselles" aussprachen und dies heute noch tun.
Aber was bedeutet nun der Name "Brüssel"? Mols, der Autor eines merkwürdigen Buches über die Brüsseler, ist der Meinung, dass die Gemeinde Brüssel in ihrer heutigen Form (3.219 ha, 170.249 Einwohner) weder einer geschichtlichen Wirklichkeit noch einer geographischen Einheit, weder einer wirtschaftlichen Entität noch einem psychologischen Milieu entspreche. Sie umfasse zu viel oder zu wenig.
Nur zwei Einstellungen erscheinen uns möglich: entweder Brüssel in die Grenzlinien ihrer zweiten Festungsmauern zurückzubringen oder Brüssel über alle anliegenden Gemeinden auszubreiten. Die erste beschränkt sich auf den deutlich erkennbaren fünfeckigen Grundriss der Ringalleen; die zweite umfasst das ganze Gebiet in einem Radius von etwa 6 bis 7 km gelegen, die Altstadt, die angeschlossenen Gebiete und die achtzehn selbständig gebliebenen Vorstädte: alles zusammen 16.176 ha und mehr als eine Million Einwohner.
Geographen, Volkswirte, Urbanisten und Soziologen, alle sprechen sich ohne Zögern für diese letzte Definition von Brüssel aus, fassen Brüssel als eine einheitliche, grosse moderne Grosstadt auf.

Bruselas). También fue el erudito Louis Quiévreux quien se preguntaba de donde venía la "x" de Bruxelles (nombre francés de la ciudad). Al parecer suyo, los etimologistas son divididos. Algunos hablan de un Broeksele o habitación en los pantanos, otros de un Brougsele o habitación cerca de un puente. Este puente primitivo estaría situado en el lugar donde los dos brazos del río Senne juntaban después de haber formado islas.

La grafía "Broucsella" es mencionada, desde 966, en un diploma expendido por Otón I, y enumerando los bienes que dependían de la abadía Santa Gertrudis en Nivelles.

Ahora bien, ya sea que se basen en broek o en brug, etimológicamente la pronunciación brukselles debería tener primacía sobre la otra. Pero los documentos corrientes de diversas épocas llevan indistintamente Brussel, Bruesel, Brusselle, Brusele, etc. Los imagineros brabanzones que, en los comienzos del siglo XVI, exportaban retablos de madera esculpida hasta a Escandinavia, ponían en sus obras la marca Bruesel. Esto prueba que durante gran parte de la Edad Media, durante todo el Renacimiento, los tiempos modernos y hasta hoy en día, los habitante de Bruselas han dicho "Brusselles" y nunca han dejado de decirlo. Pero, ¿qué designa exactamente el nombre de Bruselas? El R.P. Mols, autor de un curioso volumen sobre los Bruselenses, estima que en su forma actual, el municipio de Bruselas (3.291 ha.; 170 — 249 habitantes) no responde ni a una realidad histórica, ni a una unidad geográfica, ni a una entidad económica, ni a un medio psicológico. Engloba demasiado o muy poco.

Sólo son admisibles dos nociones: la que limita Bruselas al perímetro de su segundo recinto; la que extiende Bruselas a toda la aglomeración. La primera no va más allá del trazado pentagonal fácilmente reconocible de los bulevares circulares interiores.

La segunda engloba todo el territorio comprendido dentro de un radio de unos 6 a 7 km: la antigua ciudad, las partes anexadas y los 18 municipios-suburbios autónomos; en total, 16.176 ha. y más de un millón de habitantes.

Geógrafos, economistas, urbanistas y sociólogos se pronuncian sin titubeo para esta última definición de Bruselas considerada como una vasta aglomeración moderna.

1. Panorama nocturne du centre et Hôtel de Ville illuminé. — Nachtelijk gezicht op het centrum en feestelijk verlicht Stadhuis. — The town centre by night. — Die Stadtmitte und das Rathaus bei Nacht. — Vista nocturna del centro de la ciudad y Ayuntamiento iluminado.

2. Façades anciennes ou reconstituées de la Rue de la Montagne. – Oude en wederopgebouwde gevels in de Bergstraat. – Old and renovated façades in the Rue de la Montagne. – Alte und wiederhergestellte Giebel in der Rue de la Montagne. – Fachadas antiguas o renovadas de la Rue de la Montagne.

3. Illumination de l'Hôtel de Ville et de la Grand-Place. – Nachtelijke verlichting van het Stadhuis en van de Grote Markt. – The City hall and the Grand-Place by night. – Nächtliche Beleuchtung des Rathauses und Grand-Place. – Iluminación del Ayuntamiento y de la Plaza Mayor.

◀4. Rue de la Colline, une des sept rues donnant accès à la Grand-Place. – De Heuvelstraat, een der zeven straten die toegang verlenen tot de Grote Markt. – The Rue de la Colline, one of seven streets giving access to the Grand-Place. – Die Rue de la Colline, eine der sieben Strassen die zum Grand-Place führen. – Rue de la Colline, una de las siete calles que dan a la Plaza Mayor.

5. L'Hôtel de Ville et la tour (15e siècle). – Stadhuis en toren (15de eeuw). – City hall and tower (15th century). – Rathaus und Turm (15. Jh.). – El Ayuntamiento y su Torre (siglo 15).

6. Hôtel de Ville, Cul-de-lampe historié (15e siècle). – Stadhuis, sluit-
ornament (15de eeuw). – City hall, ornamented cul-de-lampe (15th
century). – Rathaus, ornamentierter Kragstein (15. Jh.). – Ayuntamiento,
ménsula ornamentada (siglo 15).

7. L'Hôtel de Ville. Façade latérale de l'aile gauche (commencée en 1402). – Het Stadhuis. Zijgevel van de linkervleugel (begonnen in 1402). – City hall. Side-façade of the left wing (commenced 1402). – Rathaus. Seiten-giebel des linken Flügels (angef. 1402). – Ayuntamiento. Fachada lateral del ala izquierda (comenzada en 1402).

8. Jeunes touristes à la Grand-Place. – Jonge toeristen op de Grote Markt. – Young tourists on the Grand-Place. – Junge Besucher auf dem Grand-Place. – Jóvenes turistas en la Plaza Mayor.

9. L'Hôtel de Ville. La paix, sculpture ornant le côté gauche du porche ▶ d'entrée. – Het Stadhuis. De vrede, beeld aan de linkerkant van de toe-gangspoort. – City hall. Peace, sculpture on the left of the entrance. – Rathaus. Der Frieden, Bild links vom Eingang. – Ayuntamiento. La Paz, escultura que adorna el lado izquierdo del pórtico de entrada.

11. Grand-Place et Marché-aux-oiseaux. – Grote Markt en Vogelenmarkt. – Grand-Place and bird-market. – Grand-Place und Vogelmarkt. – Plaza Mayor y Mercado de los pájaros.

◀ **10.** Gand-Place. La Maison du Roi. Détail. – Grote Markt. Het Broodhuis. Detail. – Grand-Place. Maison du Roi. Detail. – Grand-Place. Brothaus. Teilansicht. – Plaza Mayor. Casa del Rey. Detalle.

12/12a. Le n° 27 de la Grand-Place, habité par Victor Hugo. – Grote Markt, nr 27, tijdelijk bewoond door Victor Hugo. – Grand-Place, number 27, where Victor Hugo lived. – Grand-Place, Nummer 27, kurze Zeit bewohnt von Victor Hugo. – Plaza Mayor, n° 27, donde vivió Victor Hugo.

13. Grand-Place. Maisons du groupe nord-est: l'Ange, la Chaloupe d'or, le Pigeon, la Chambrette de l'Amman. Dans le fond: la Maison du Roi (reconstruite au 19e siècle). – Grote Markt. De noord-oostelijke huizengroep: De Engel, de Gulden Boot, de Duif, het Ammanskamerke. Achteraan: het Broodhuis (heropgebouwd in de 19de eeuw). – Grand-Place. Houses of the North-East-group: the Angel, the Golden Boat, the Pigeon, the house of the Amman. In the background: the Maison du Roi, rebuilt in the 19th century. – Grand-Place. Nord-Ostgruppe: der Engel, das Goldene Schiff, die Taube, das Ammanshaus. Im Hintergrund: das Brothaus (wiederaufgebaut im 19. Jh.). – Plaza Mayor. Casas del grupo Nordeste: el Angel, la Chalupa de oro, la Paloma, el Cuartito del Amman. En el fondo: la Casa del Rey (reconstruida en el siglo 19).

14. Grand-Place. Pignons des maisons du groupe nord-est. – Puntgevels
van noord-oostelijke huizengroep. – Grand-Place, gables of the North-
East-group. – Grand-Place, Giebel der Nord-Ostgruppe. – Plaza Mayor.
Remates de tejados de las casas del grupo Nordeste.

15. Grand-Place. Maisons du groupe nord-est : l'Âne, Ste-Barbe, le Chêne, le Petit Renard, le Paon, le Heaume. – Grote Markt, gevels van de noordoostelijke groep: de Ezel, St-Barbara, 't Voske, de Pauw, de Helm. – Houses of the North-East-group: the Ass, S. Barbara, the Little Fox, the Peacock, the Helmet. – Grand-Place. Häuser der Nord-Ostgruppe: der Esel, S. Barbara, der Kleine Fuchs, der Pfau, der Helm. – Plaza Mayor. Casas del grupo Este: el Burro, Santa Bárbara, el Roble, el Zorrillo, el Pavo Real, el Yelmo.

16. Grand-Place. Détail de la façade de la maison « le Cornet » (Maison des Bateliers): 1697. – Grote Markt. Detail van de gevel van het huis « De Hoorn » (huis der Schippers). 1697. – Detail of the facade of « le Cornet » (house of the boatsmen). 1697. – Grand-Place. Teilansicht des Hauses « Das Horn » (Haus der Schiffer). 1697. – Plaza Mayor. Detalle de la fachada de la casa « le Cornet » (Casa de los Bateleros). 1697.

17. Maison dite « des Ducs de Brabant » (1698). – Grote Markt. Huis, gen. « der Hertogen van Brabant » (1698). – Grand-Place. House called « of the Dukes of Brabant » (1698). – Grand-Place. Haus « der Herzöge von Brabant » (1698). – Casa llamada « de los duques de Brabante » (1698).

18. Grand-Place. Détail de la façade de la maison « Le Renard » (1699). –
Grote Markt. Geveldetail van het huis « De Vos » (1699). – Detail of the
house « the Fox » (1699). – Teilansicht des Hauses « Der Fuchs » (1699). –
Plaza Mayor. Detalle de la fachada de la casa « El Zorro » (1699).

19. Grand-Place. Façades des maisons: Le Sac, la Brouette, le Roi d'Espagne (fin 17e, début 18e siècle). – Grote Markt. Gevels van de huizen: de Zak, de Kruiwagen, de Koning van Spanje (eind 17de, begin 18de eeuw). – Grand-Place. Façades of the houses: the Sack, the Wheelbarrow, de King of Spain (end of the 17th, beg. of the 18th century). – Grand-Place. Giebel der Häuser: der Sack, der Schubkarren, der König von Spanien (Ende des 17., Anfang 18. Jh.). – Plaza Mayor. Fachadas de las casas: El Saco, la Carretilla, el Rey de España (fines del siglo 17, comienzos del siglo 18).

20. Grand-Place. Maiso
du groupe sud: l'Arb
d'Or, le Cygne, l'Etoi
(fin 17e siècle). – Gro
Markt. Huizen van de z
delijke groep: de Guld
Boom, de Zwaan, de St
(eind 17de e.). – Gran
Place. Houses of the Sou
group: the Golden Tre
the Swan, the Star (end
the 17th c.). – Gran
Place. Häuser der Sü
gruppe: der Golde
Baum, der Schwan, d
Stern (Ende 17. Jh).
Plaza Mayor. Casas d
grupo Sur: el Arbol
Oro, el Cisne, la Estre
(fines del siglo 17).

Grand-Place. Enseigne
de la maison « le Cygne ».
Embleem van het huis
« de Zwaan ». – Grand-
Place. Emblem of the
House « the Swan ». –
Grand-Place. Emblem des
Hauses « der Schwan ». –
Plaza Mayor. Emblema de
case « el Cisne ».

A
CHARLES BULS
BOURGMESTRE
DE LA
VILLE DE BRUXELLES
LES ARTISTES RECONNAISSANTS
1899

EN SOUVENIR
DES MAITRES ARCHITECTES
BRABANCONS

XV^eSIECLE

HOTEL DE VILLE :
JACQUES VAN THIENEN ET JEAN VAN RUYSBROECK

XVI^eSIECLE

MAISON DU ROI
ANTOINE KELDERMAN LOUIS VAN BODEGHEM
ROMBAUD KELDERMAN
DOMINIQUE DE WAGEMAKER
ET HENRI VAN PEDE

XVII^eSIECLE

MAISONS DES CORPORATIONS
GUILLAUME DE BRUYN
JEAN COSYN PIERROT
VAN DELEN MOMBAERTS ET MERCX

23. Au « Manneken Pis », lieu de pèlerinage de tout touriste belge ou étranger. – Bij « Manneken Pis », trefpunt van de Belgische en buitenlandse toerist. – « Manneken Pis », rendez-vous for all Belgian or foreign tourist. – « Manneken Pis », Trefpunkt Belgischer und ausländischer Touristen. – « Manneken Pis », punto obligado de los turistas, ya sean belgas o extranjeros.

22. Grand-Place. Plaque commémorative Charles Buls, Bourgemestre de Bruxelles. Œuvre de V. Rousseau (1899). – Grote Markt. Herdenkingsplaat Charles Buls, Burgemeester van Brussel. Werk van V. Rousseau (1899). – Grand-Place. Plaque Charles Buls, burgomaster of Brussels. Work of V. Rousseau (1899). – Gedenktafel Charles Buls, Burgermeister von Brüssel. Werk von V. Rousseau (1899). – Plaza Mayor. Placa conmemorativa Charles Buls, Burgomaestre de Bruselas. Obra de V. Rousseau (1899).

24. Le marchand d'huitres et de moules. – Oester- en mosselenverkoper. – Merchand of oysters and mussels. – Austern- und Muschelverkäufer. – Vendedor de ostras y mejillones.

25. « Grand Bazar de Manneken Pis » Ancienne devanture de magasin. – Oud uitstalraam.– Old Shop-window. – Altes Schaufenster. – Antiguo escaparate de tienda.

26. La rue des Bouchers, rendez-vous gastronomique. – De Beenhouwers-straat, gastronomisch rendez-vous. – The Rue des Bouchers, gastronomic rendez-vous. – Rue des Bouchers, gastronomischer Treffpunkt. – Rue des Bouchers, « rendez-vous » gastronómico.

27. La Petite rue des Bouchers. –
De Kleine Beenhouwersstraat. –
The Petite rue des Bouchers. –
Petite Rue des Bouchers. – La
Petite rue des Bouchers.

29. Au théâtre de marionettes « Chez Toone », Petite rue des Bouchers. – Het marionettentheater « Bij Toone », Kleine Beenhouwersstraat. – The puppet show « Chez Toone », Petite rue des Bouchers. – Marionettentheater « Chez Toone », Petite Rue des Bouchers. – Teatro de títeres « Chez Toone », en la Petite rue des Bouchers.

◀**28.** Aux alentours de la Grand-Place. – In de omgeving van de Grote Markt. – In the area of the Grand-Place. – In der Umgebung der Grand-Place. – Cercanías de la Plaza Mayor.

30. Le Palais de la Dynastie. Cadran de l'horloge-carillon. – Het Paleis van de Dynastie. De beiaard-uurwerkwijzerplaat. – The Palace of the Dynastie. The carillon's dial. – Palast der Dynastie. Glockenspiel-Uhr. – El Palacio de la Dinastía. Esfera del reloj-carillón.

31. Panorama du côté nord-est de la ville. A l'avant-plan, à droite: la Banque Nationale. – Panorama van de Noord-Oostkant van de stad. Vooraan rechts, de Nationale Bank. – Panorama of the North-Eastside of the town. In the foreground, on the right, the Banque Nationale. – Panorama der Nord-Ostseite der Stadt. Auf dem Vordergrund, rechts, die Banque Nationale. – Panorama del lado nordeste de la ciudad. En primer plano, a la derecha: el Banco Nacional.

32. Un coin de la Place de Brouckère. – Een hoek van het de Brouckère-plein. – A corner of the Place de Brouckère. – Eine Ecke der Place de Brouckère. Un rincón de la Plaza de Brouckère.

33. Panorama du côté sud de la ville. A l'avant-plan, maisons de la Rue de la Montagne. Au centre: le Centre Administratif de la ville. – Panorama van de Zuidkant van de stad. Op het voorplan: huizen van de Bergstraat. In het midden: het Administratief Centrum van Brussel. – Panorama of the South side of the city. On the foreground: houses of the Rue de la Montagne. In the middle: the « Centre Administratif » of Brussels. – Panorama der Südseite der Stadt. Im Vordergrund: Häuser der Rue de la Montagne. In der Mitte: das Verwaltungszentrum Brüssels. – Panorama del lado sur de la ciudad. En primer plano, casas de la Rue de la Montagne. En el medio: Centro Administrativo de la ciudad.

34. Rue de Flandre, n° 46. Trophée ornant la « Maison de la Bellone » (17e s.). – Vlaanderenstraat, nr 46. Trofee van het « Huis van Bellona ». – Rue de Flandre, Nr 46. Trophy decorating the « Maison de la Bellone » (17th c.). – Rue de Flandre, Nr 46. Trophäe des Bellonahauses (17. Jh.). – Rue de Flandre, n° 46. Trofeo que adorna la « Casa de la Bellone » (siglo 17).

35. Le Centre Administratif. – Het Administratief Centrum. – The Administrative Centre. – Das Verwaltungszentrum. – Centro Administrativo.

36. Folk-song, Place de la Monnaie. – Volkszanggroep op het Muntplein. –
Folks-song group on the the Place de la Monnaie. – Folksonggruppe am
Place de la Monnaie. – Grupo folk-song en la Plaza de la Monnaie.

37. Kiosque à journaux près de la Bourse. — Krantenkiosk nabij de Beurs. — Newspaper stand, near the Bourse. — Zeitungskiosk an der Börse. — Quiosco de periódicos cerca de la Bolsa.

39. La Bourse de Commerce (1873). – De Handelsbeurs (1873). – The Trade Exchange (1873). – Die Handelsbörse (1873). – La Bolsa de Comercio (1873).

38. Balayeur de rue. – Straatveger. – Street-sweeper. – Strassenkehrer. – El barrendero de calle.

40. Chapelle Ste-Anne (17e s.). Sculpture: Ste Anne et la Vierge. — St-Annakapel (17de e.). Beeldengroep: St Anna en de H. Maagd. — St-Ann's chapel. Group: St Ann and the Vergin. — St.-Annakapelle (17. Jh.). Bildgruppe: St Anna und Maria. — Capilla Santa Ana (siglo 17). Escultura (Santa Ana y la Virgen).

41. Orgie de couleurs près de la Bourse. — Kleurenweelde nabij de Beurs. — Wealth of colours near the « Bourse ». — Farbenpracht an der Börse. — Orgia de colores cerca de la Bolsa.

43. Le Théâtre de la Monnaie (1819), reconstruit après l'incendie de 1856.
– De Muntschouwburg (1819), wederopgebouwd na de brand van 1856. –
The « Théâtre de la Monnaie » (1819), rebuilt after the fire of 1856. –
Das « Théâtre de la Monnaie » (1819), Wiederaufgebaut nach dem Brand
von 1856. – El Teatro de la Monnaie (1819), reconstruido después del in-
cendio de 1856.

◀ **42.** Le Théâtre flamand (19e s.). – De Koninklijke Vlaamse Schouwburg
(19de e.). – The Flemish Theatre (19th c.). – Das flämische Theater (19. Jh.).
– El Teatro flamenco (siglo 19).

45. Le marchande d'escargots. — Slakkenverkoopster. — Snailvendor. — Schneckenverkäuferin. — La vendedora de caracoles.

44. Maison ancienne de la rue de Laeken (16e s.). — Oud huis in de Lakense straat (16de e.) — Old house in the Rue de Laeken (16th. c.). — Altes Haus in der Rue de Laeken (16. Jh.). — Antigua casa de la rue de Laeken (siglo 16).

46. L'Église des Riches Claires (17e s.). – De kerk der Rijke Klaren (17de e.). – The church of the Riches Claires (17th c.). – Kirche der Reichen Klarissen (17. Jh.). – Iglesia de las « Riches Claires » (siglo 17).

47. L'Église du Béguinage (17e s.). – De Begijnhofkerk (17de e.). – The Beguinage Church (17th c.). – Beginenkirche (17. Jh.). – Iglesia del Beaterio (siglo 17).

48. Notre Dame de Bon Secours. Intérieur. Détail (17e s.). – O.L.-Vrouw van Bijstand. Binnengezicht. Detail (17de e.). – Our Lady of Succour. Interior. Detail (17th c.). – Kirche Notre Dame de Bon Secours. Teilansicht des Inneren (17. Jh.). – Nuestra Señora del Buen Socorro. Interior. Detalle (siglo 17).

49. Les Galeries St-Hubert (1847). – De St-Hubertusgalerijen (1847). – The St Hubertus galleries (1847). – Die S.-Hubertusgalerien (1847). – Galerías San Huberto (1847).

50. L'Hôtel Ravenstein. Détail de la cour intérieure (15e-16e s.). — Binnenkoer van het Hotel Ravenstein. Detail (15de-16de e.). — Inner court of the « Hôtel Ravenstein ». Detail (15th-16th c.). — Innenhof des Hotel Ravenstein (15.-16. Jh.) — Patio interior del « Hotel Ravenstein ». Detalle (siglos 15-16).

51. La cathédrale St-Michel (15e s.). – De St-Michielskathedraal (15de e.). –
S. Michael's Cathedral (15th c.). – St.-Michaelskathedrale (15. Jh.). –
La Catedral San Miguel (siglo 15).

52. La Cathédrale St-Michel. Détail de l'architecture. – De St-Michiels-kathedraal. Architectuurdetail. – S.-Michael's Cathedral. Detail of architecture. – St.-Michaelskathedrale. Detail der Architektur. – La Catedral San Migual. Detalle de la arquitectura.

53. La Colonne du Congrès (1859) et le tombeau du Soldat Inconnu. – De Congreszuil (1859) en het graf van de Onbekende Soldaat. – The Congress Column (1859) and the tomb of the Unknown Soldier. – Verfassungssäule (1859) und das Grabmal des Unbekannten Soldaten. – La Columna del Congreso (1859) y la tumba del Soldado Desconocido.

54. L'Église Ste-Marie à Schae
beek (19e s.). — De St.-Mariake
te Schaarbeek (19de e.). —
Mary church at Schaerbeek (19t
c.). — Die Marienkirche in Schaa
beek (19. Jh.). — Iglesia San
María en Schaerbeek (siglo 19)

55. Le Palais de la Nation (1783). – Het Parlementsgebouw (1783). – Parliament House (1783). – Das Parlamentsgebäude (1783). – Edificio del Parlamento (1783).

56. Parc Royal. Monument Godecharle (par Th. Vinçotte). 1881. – Koninklijk Park. Het Godecharlemonument (door Th. Vinçotte). 1881. – Royal Park. The Godecharle monument. – Der Königliche Park. Das Godecharledenkmal. – Parque Real. Monumento Godecharle (por Th. Vinçotte).

57. Parc Royal. La Vénus aux colombes (O. de Marseille - 1774). – Koninklijk Park. De Venus met de duiven (O. de Marseille - 1774). – Royal Park. Venus with the pigeons (O. de Marseille - 1774). – Der Königliche Park. Venus mit den Tauben (O. de Marseille - 1774). – Parque Real. La Venus de las palomas (O. de Marseille - 1774).

59. Panorama du côté sud-est de la ville. A gauche le Palais Royal. Au milieu la Place Royale. – Panorama van de zuid-oostelijke kant van de stad. Links het Koninklijk Paleis. In het midden: het Koninklijk Plein. – Panorama of South-East side of the city. On the right: the Royal Palace. In the centre: the Place Royale. – Panorama des süd-östlichen Stadtteils. Rechts: das Königliche Schlosz. In der Mitte: die Place Royale. – Panorama del lado sudeste de la ciudad. A la izquierda el Palacio Real. En el medio la Plaza Real.

◀ **58.** Les Musées Royaux des Beaux Arts (19e s.). – De Koninklijke Musea voor Schone Kunsten (19de e.). – The Royal Museum of Fine Arts (19th c.). – Die Königliche Museen für bildende Kunst (19. Jh.). – Los Reales Museos de Bellas Artes (siglo 19).

60. La Montagne de la Cour et la Place Royale. – De Kunstberg en het Koningsplein. – The Montagne de la Cour and the Place Royale. – Montagne de la Cour und Place Royale. – La Montagne de la Cour y la Plaza Real.

61. Le Palais Royal (1783- 1904). — Het Koninklijk Paleis (1783-1904). — The Royal Palace (1783-1904). — Das Königliche Schlosz (1783-1904). — El Palacio Real (1783-1904).

62. Place Royale et monument de Godefroid de Bouillon. – Koningsplein en monument van Godfried van Bouillon. – The Place Royale and the monument to Godefroid de Bouillon. – Place Royale und Godefroid de Bouillondenkmal. – Plaza Real y monumento de Godofredo de Bouillon.

63. Place Royale. L'Église St-Jacques sur Coudenberg (1776-1787). – Koningsplein. De Kerk van St-Jan op Koudenberg (1776-1787). – Place Royale. St-James Church at the Coudenberg (1776-1787). – Place Royale. Die St.-Jakobskirche auf dem Koudenberg (1776-1787). – Plaza Real. Iglesia Santiago en Coudenberg (1776-1787).

◀ 64. N. Dame du Sablon. Détail de la façade principale. – O. L. Vrouw van de Zavel. Detail van de hoofdgevel. – Our Lady of Victory. Detail of the main façade. – Die Liebfrauenkirche vom Sablon. Detail des Hauptgiebels. – Nuestra Señora del Sablon. Detalle de la fachada principal.

65. N. Dame du Sablon (15e - déb. 16e s.). – O.L.-Vrouw van de Zavel (15de - beg. 16de e.). – Our Lady of Victory (15th - beg. 16th c.). – Die Liebfrauenkirche vom Sablon (15. - Beg. 16. Jh.). – Nuestra Señora del Sablon (siglo 15 - comenzos de 16).

67. Le marché d'antiquités du Grand Sablon. – De antiekmarkt van de Grote Zavel. – The antiques market of the Grand Sablon. – Antiquitäts-markt am Grand Sablon. El mercado de antigüedades del Grand Sablon.

◄ **66.** N. Dame du Sablon. Le Sacrarium (1549). O. L. Vrouw van de Zavel. Het Sacrarium (1549). – Our Lady of Victory. The Sacrarium (1549). – Die Liebfrauenkirche vom Sablon. Das Sacrarium (1549). – Nuestra Señora del Sablon. El Sacrarium (1549).

68. Rue des Six Jeuneshommes. La Maison des Pucelles (1503). – De Zes Jonkmansstraat. Het steen der Maagden (1503). – The Rue des Six Jeunes Hommes. The House of the Virgins (1503). – Rue des Six Jeunes Hommes. Das Haus der Mägde (1503). – Rue des Six Jeunes Hommes. Casa de las Doncellas (1503).

69. Statue des Comptes de Egmont et de Horne au Square du Petit Sablon. – Kleine Zavel. Standbeeld van de graven van Egmont en van Horn. – Petit Sablon. Monument to the counts of Egmont and Horn. – Petit Sablon. Denkmal der Grafen Egmont und Horn. – Estatua de los Condes de Egmont y de Horne en la plazoleta del Petit Sablon.

70. La rue Haute. A gauche: la Maison dite de Bruegel l'Ancien. – De Hoogstraat. Links: het zgn. Huis van Bruegel de Oude. – The Rue Haute. On the left: the so-called Hause of Bruegel the Elder. – Rue Haute. Links: das sogen. Haus Bruegels d. Ä. – La rue Haute. A la izquierda: la Casa llamada de Bruegel el Viejo.

71. Panorama du côté sud de la ville. A l'avant-plan: les bâtiments de la Bibliothèque Albert Ier. Dans le fond: le Palais de Justice. – Panorama van het zuidelijke stadsdeel. Vooraan: de Albert I-bibliotheek. Achteraan: het Gerechtsgebouw. – Panorama of the South side of the city. On the foreground: the Albert I-Library. In the background: the Palais de Justice. – Panorama der Südseite der Stadt. Im Vordergrund: die Gebäude der Albert I-Bibliothek. Im Hintergrund: das Justizgebäude. – Panorama del lado sur de la ciudad. En primer plano: los edificios de la Biblioteca Alberto I. Atrás: el Palacio de Justicia.

72. L'Église de la Chapelle. Monument funéraire de P. Bruegel l'Ancien. – De Kapellekerk. Grafmonument van P. Bruegel de Oude. – Church of Our Lady of the Chapel. Tomb of P. Bruegel the Elder. – Kapellenkirche. Grabmal P. Bruegels d. Ä. – Iglesia de la Capilla. Monumento funerario de P. Bruegel el Viejo.

73. La Tour (16e s.) et le clocher (17e s.) de l'Église de la Chapelle. – De toren (16de e.) en de klokketoren (17de e.) van de Kapellekerk. – Tower (16th c.) and bell-tower (17th c.) of the Church of Our Lady of the Chapel. – Turm (16. Jh.) und Glockenturm (17. Jh.) der Kapellenkirche. – La Torre (siglo 16) y el campanario (siglo 17) de la Iglesia de la Capilla.

74/75. Place du Jeu de Balle. Le vieux-marché. – Kaatsbalplein. De vlooienmarkt. – Place du Jeu de Balle. The Flea-Market. – Place du Jeu de Balle.
Flohmarkt. – Plaza del « Jeu de Balle ». Mercado de cosas viejas.

76. La Tour Noire. Vestige des anciens remparts (12e s.). – De Zwarte Toren. Overblijfsel van de oude stadswallen (12de e.). – The Black Tower. Remnants of the old fortresses (12th. c.). – Der Schwarze Turm. Überbleibsel der ersten Stadtmauer (12. Jh). – La Torre Negra. Vestigio de las antiguas fortificaciones (siglo 12).

77. Tour, dite d'Amneessens. Vestige de la première enceinte. – De zogen. Anneessenstoren, overblijfsel van de eerste stadswallen. – The so-called Anneessens' Tower. Remnants of the old fortresses. – Der sogen. Anneessensturm. Überbleibsel der alten Stadtmauer. – Torre, llamada de Anneessens. Vestigio de la primera muralla fortificada.

78. Le complexe Berlaimont, centre du Marché Commun. – Het Berlai-
montcomplex, centrum van de Gemeenschappelijke Markt. – The Berlaimont building, centre of the Common Market. – Berlaimontkomplex,
Sitz der europäischen Gemeinschaft. – El complejo Berlaimont, centro del
Mercado Común.

79. Les Boulevards extérieurs ou la Petite Ceinture. – De grote boulevards of de Kleine Ring. – The great boulevards of the Petite Ceinture. – Die groszen Boulevards. – Los Bulevares exteriores o Pequeña Circumvalación.

80/81. A la kermesse de Bruxelles. – Op de Brusselse kermis. – On the Brussels fair. – Auf der Brüsseler Kirmes. – En la kermesse de Bruselas.

82. « In 't Spinnekopke », Vieux café Bruxellois. – « In 't Spinnekopke », oud Brussels café. – « In 't Spinnekopke », old Brussels tavern. – « In 't Spinnekopke », alte Brüsseler Bierstube. – « In 't Spinnekopke », antiguo cafetín bruselense.

83. Place et avenue Louise, la nuit. — Louisaplein en Louisalaan bij nacht. — Place and avenue Louise by night. — Place and Avenue Louise bei Nacht. — Plaza y avenida Louise, de noche.

84. La Porte de Hal. — De Hallepoort. — The « Porte de Hal ». — « Porte de Hal ». — La Puerta de Hal.

85. L'Église (14e s.) et le palais abbatial (18e s.) de l'Abbaye de la Cambre. — Kerk (14de e.) en paleis van dè abt (18de e.) van de Abdij Ter Kameren. — Church (14th c.) and palace of the abbot (18th c.) of the Chamber Abbey. — Kirche (14. Jh.) und Palais des Abtes (18. Jh.) der Abtei Ter Kameren. — La Iglesia (siglo 14) y el palacio abacial (siglo 18) de la Abadia de la Cambre.

87. Abbaye de la Cambre. Une des ailes du 18e siècle. – Abdij Ter Kameren. Een der 18de-eeuwse vleugels. – 18th century wing of the Chamber Abbey. – Teilansicht der Abtei Ter Kameren (18. Jh.). – Abadia de la Cambre. Una de las alas del siglo 18.

86. Aux étangs d'Ixelles. – Bij de vijvers van Elsene. – At the ponds of Ixelles. – An den Teichen von Ixelles. – Los estanques de Ixelles.

88/89. Au Bois de la Cambre. – In het Ter Kamerenbos. – In the Chamber-forest. – Ter Kamerenwald. – En el Bosque de la Cambre.

90/91. Le Palais Royal de Laeken (1784-1902). – Het koninklijk Paleis te Laken (1784-1902). – The Royal Palace at Laeken (1784-1902). – Königsschlosz in Laken (1784-1902). – El Palacio Real de Laeken (1784-1902).

92. L'Atomium (1958). – Het Atomium (1958). – The Atomium (1958). – Das Atomium (1958). – El Atomium (1958).

93. La Basilique Nationale du Sacré-Cœur (1919-1971). – De Nationale Basiliek van het H. Hart (1919-1971). – The National Basilica of the Sacred Heart. – Die Nationale Basilica des Hl. Herzens. – La Basílica Nacional del Sagrado Corazón (1919-1971).

94. L'Église St-Pierre à Anderlecht. Intérieur. Détail (16e s.). – De St-Pieterskerk te Anderlecht. Binnengezicht. Detail (16de e.). – S. Peter church at Anderlecht. Interior. Detail (16th c.). – Die S.-Peterskirche in Anderlecht. Innenansicht. Detail (16. Jh.). – La Iglesia San Pedro en Anderlecht. Interior. Detalle (siglo 16).

95. Anderlecht. Clocher de l'église St-Pierre (16e s.). – Klokketoren van de St-Pieterkerk te Anderlecht (16de e.). – Anderlecht. Tower of S. Peter church (16th c.). – Anderlecht. Turm der S.-Peterkirche (16. Jh.). – Anderlecht. Campanario de la iglesia San Pedro (siglo 16).

96. Anderlecht. La Maison d'Érasme. Salon (16e s.). – Anderlecht. Het Erasmushuis. Salon (16de e.). – Anderlecht. Erasmus house. Drawingroom (16th c.). – Anderlecht. Das Erasmushaus. Salon (16. Jh). – Anderlecht. La Casa de Erasmo. Salón (siglo 16).

97. Anderlecht. La Maison d'Érasme. Cabinet de travail d'Érasme (16e s.). – Anderlecht. Het Erasmushuis. Werkkamer van Erasmus (16de e.). – Anderlecht. Erasmus house. Erasmus' den (16th c.). – Anderlecht. Das Erasmushaus. Arbeitszimmer des Erasmus (16. Jh). – Anderlecht. La Casa de Erasmo. Cuarto de trabajo de Erasmo (siglo 16).

98. Cafés typiques bruxellois. – Typische Brusselse café's. – Typical Brussels pubs. – Typische Brüsseler Bierstuben. – Típicos cafetines bruselenses.

99. Le pittoresque Château-ferme du Karreveld (16e - 17e s.). – De pittoreske Kasteelhoeve van het Karreveld (16de - 17de e.). – The picturesque castle-farm of the Karreveld (16th - 17th c.). – Das malerische Schlosz Karreveld (16. - 17. Jh.). – El pintoresco Castillo-hacienda del Karreveld (siglos 16-17).

100. Hôtel de Ville. Escalier
lions. Lion héraldique ten
l'écusson de Bruxelles (St. Mich
terrassant le démon). – Stadh
De leeuwentrap. Heraldis
leeuw met het waarteken
Brussel (St-Michiel doodt de d
vel). – City hall. Lions' sta
Heraldic lion holding the esc
cheon of Brussels (S. Mich
killing the devil. – Rathaus. I
Löwentreppe. Heraldischer Lö
mit Wppen der Stadt (S. Mich
tötet den Teufel). – Ayuntami
to. Escalera de los leones. Le
heráldico con el escudo de Bru
las (San Miguel derribando
demonio).

Ne fût-ce que par les énigmes qu'elle pose, la capitale mérite qu'on évoque son passé, ses heures de gloire comme de détresse et, entre les temps forts de son histoire, sa vitesse de croisière.

La région bruxelloise fut peuplée, dès la préhistoire, comme en témoignent les haches de silex, les pointes de flèches, les grattoirs découverts par les archéologues, à Etterbeek, à Boitsfort, à Molenbeek etc. Durant l'âge du bronze qui commence environ 1.850 ans avant l'ère chrétienne, les Bruxellois utilisent des instruments et des armes faits de ce métal de même qu'une poterie primitive.

À l'âge du fer, en 800 avant J.-C., des tribus venues d'au-delà du Rhin s'établissent aux rives de la Senne et parmi elles, vers 300 av. J.-C., des Belges originaires de Germanie.

Ils nous ont laissé dans la région bruxelloise, quelques poteries, l'anse et les cercles d'un seau et une crémaillère dont l'origine suscita, cependant, des controverses entre érudits.

Quelques bas-fourneaux furent aussi découverts près du champs de courses de Groenendael.

De l'époque gallo-romaine de Bruxelles, donc de 57 av. J.-C., à la fin du IIIe siècle, que nous est-il parvenu sinon les vestiges de quelques villas, des objets tels que des fibules, des agrafes, des poignées de porte, des tisonniers, des balances, mais la maigreur de cette moisson prouve à suffisance qu'il n'y avait pas encore d'agglomération urbaine dans le site où, plus tard, s'élèvera la capitale des Belges.

Durant le IIIe siècle, les incursions de Francs se multiplient et leur présence se marque dans la région bruxelloise où peu à peu ils s'intallent. On a mis au jour à Anderlecht 300 tombes franques.

Les nouveaux occupants importent leur langue et leur vocabulaire. Les chemins deviennent « weg », « gat » ou « baan », les sources: « borre » ou « bron », les prairies: « beemd » ou « weide » etc.

Les villages créés par les Francs portent des noms se terminant par « zeel » ou « gem » ou « ingen ».

C'est, à la fin du VIIe siècle, qu'une chapelle dédiée à l'archange saint Michel s'élève à flanc de colline, sur la rive droite de la Senne. Cette chapelle deviendra l'imposante cathédrale Saint-Michel.

Certains historiens croient que le premier sanctuaire chrétien de Bruxelles fut bâti sur l'emplacement d'un temple païen dédié au soleil. L'hypothèse nous paraît séduisante, car dans le christianisme primitif, le coq, symbolisant la lumière de la foi, luttait contre la tortue incarnant, elle, les ténèbres du paganisme, comme plus tard l'archange terrassera le dragon infernal.

Au Xe siècle les villages se multiplient autour de Bruxelles dont le nom vient de « Broek-sele »: l'habitat des marais.

En 966, dans un diplôme délivré par l'empereur d'Allemagne, Otton Ier, il est question de « Bruoccella ».

La ville possède son marché, trois ponts de bois sur la Senne et bientôt une petite forteresse, ainsi qu'une nouvelle chapelle dédiée à saint Géry.

La population? Des paysans, quelques artisans et, groupés autour du seigneur du lieu, ses familiers, ses soldats, ses fonctionnaires.

Ce seigneur, en 977, porte le nom de Charles de France. Il est duc de Basse-Lotharingie et d'origine carolingienne.

Au XIe siècle, la prospérité de Bruxelles s'affirme. Elle bénéficie des courants commerciaux qui se multiplient entre les régions rhénanes et celles de l'Escaut. La ville a ses échevins et un nouveau marché que domine le clocheton d'un sanctuaire dédié à saint Nicolas.

Cent ans plus tard, on compte déjà cinq hôpitaux et une léproserie dans la cité qui s'étend vers l'Est et le Sud, tandis que les bourgeois aisés se construisent d'imposantes maisons de pierre, les « steenen » et que la ville se ceinture de remparts.

Au XIIIe siècle, sous l'impulsion des ducs de Brabant, Bruxelles se développe encore et elle reçoit une charte qui octroye de nombreuses garanties aux bourgeois, tant pour la sûreté de leurs personnes que pour celle de leurs propriétés, prévoyant des peines sévères contre ceux qui troubleraient la paix

Het lijkt ons ten volle verantwoord, binnen dit kort bestek, het verleden, de glorierijke zowel als de zwarte dagen, en tussen de vaste tijden der geschiedenis door, het eerder ongewone ontwikkelingstempo van de hoofdstad, nader te belichten.

De streek zou reeds tijdens de voorgeschiedenis bevolkt zijn geworden. Hiervoor getuigen de vuurstenen bijlen, de pijlpunten en schrappers door de archeologen ontdekt te Etterbeek, Bosvoorde, Molenbeek en elders.

Gedurende het Bronzen Tijdperk, dat ca 1850 jaar vóór onze tijdrekening begon, gebruikten de toenmalige bewoners voorwerpen en wapens uit dit materiaal vervaardigd, evenals primitief vaatwerk.

800 jaar vóór Christus, gedurende de IJzertijd, kwamen stammen van over de Rijn zich op de Zenneoevers vestigen en o.m., ca 300 vóór Christus, Belgen, afkomstig uit Germanië.

Uit deze tijd dagtekenen enig vaatwerk, een handvat en banden van een emmer, evenals een stelijzer waarvan de geleerden de oorsprong nochtans sterk betwisten.

Ook werden enkele ovens ontdekt in de nabijheid van de renbaan van Groenendaal.

Uit de Gallo-Romeinse periode, m.a.w. van 57 vóór Christus tot het einde van de 3de eeuw, bezitten wij niet veel meer dan de overblijfselen van enkele villa's en voorwerpen als gespen, haken, deurklinken, poken en weegschalen. Maar deze geringe oogst levert ook een duidelijk bewijs voor de afwezigheid van enige belangrijke agglomeratie binnen het gebied waarop later de hoofdstad van België zou ontstaan.

Gedurende de 3de eeuw worden de invallen der Franken veelvuldiger en stellen we de aanwezigheid van deze laatsten vast in de streken rond Brussel, waar ze zich stilaan vastzetten. Van hun aanwezigheid getuigen de driehonderd Frankische graven die op het gebied van het huidige Anderlecht werden ontdekt.

De nieuwe bezetters brengen hun taal en vocabularium mee. De straten worden 'weg', 'gat' of 'baan'; de bronnen: 'borre' of 'bron'; de weiden: 'beemd' of 'weide' enz.

De door de Franken gestichte dorpen dragen namen die eindigen op 'zeel', 'gem' of 'ingen'.

Rond het einde van de 7de eeuw wordt, op de heuvelflank en op de rechteroever van de Zenne een kapel opgericht toegewijd aan Sint Michiel. Deze kapel zal later uitgroeien tot de imposante Sint-Michielskathedraal.

Sommige historici zijn de mening toegedaan, dat het eerste christen heiligdom werd opgericht op de plaats waar een heidense tempel stond, gewijd aan de zon. Deze hypothese is wel verleidelijk, omdat in het primitieve christendom, de haan, symbool van het licht van het geloof, ten strijde trok tegen de schildpad die, op haar beurt, het zinnebeeld was van de duisternis van het heidendom. Eenzelfde symbool vinden wij later terug in de aartsengel die de draak doodt.

Tijdens de 10de eeuw verveelvuldigen zich de dorpen rond Brussel, dat zijn naam ontleent aan 'Broek-sele': woonoord in de moerassen.

In een keure, door keizer Otto I van Duitsland in 966 verleend, is er sprake van 'Bruoccella'.

De stad heeft een markt, drie houten bruggen over de Zenne en bezit weldra een kleine vesting, evenals een nieuwe kapel opgedragen aan Sint Gorik.

De bevolking? Landbouwers, enkele ambachtslui en, geschaard rond de plaatselijke heer, dezes familiegenoten, ambtenaren, bedienden en soldaten.

In 977 heette deze heer Charles de France. Hij was hertog van Neder-Lotharingen en van Karolingische afkomst.

Tijdens de 11de eeuw, neemt de welvaart van Brussel vaste vorm aan. De stad haalt haar voordeel uit de veelvuldige handelsbetrekkingen die bestaan tussen het Rijnland en de Scheldestreek. Ze heeft nu haar schepenen en een nieuwe markt die beheerst wordt door de klokketoren van een heiligdom dat is toegewijd aan Sint Nikolaas.

Honderd jaar later telt Brussel reeds vijf hospitalen en een leprozerij. De stad breidt zich zowel uit naar het Oosten als naar het Westen en de welstellende burgers bouwen imposante stenen huizen, 'Stenen' genoemd. Ze krijgt ook haar eerste versterkte omheining.

109

et des moyens juridiques pour rétablir celle-ci. Les quelques dispositions qui suivent donneront une idée des mœurs encore brutales de l'époque: en cas de mutilation on appliquait au coupable la loi du talion. Des amendes, variant de 20 sous à 20 livres, étaient exigées: pour menaces d'incendie (10 livres), pour blessures à la tête (20 livres), pour blessures faciles à guérir (5 livres), pour coups sur la mâchoire, avec extraction de dents ou effusion de sang, pour coup de poing ou coup de pied (3 livres), pour coup donné avec un pot (10 livres); celui qui tirait son adversaire par les cheveux ou jetait de la boue, devait payer trois livres; une femme qui frappait un homme était condamnée à une amende de 20 schellings, ou devait porter certaines pierres d'une paroisse dans une autre. La peine de mort frappait les individus convaincus de meurtre, de viol, d'incendie, de rapt, de violation de trève.

Le coupable était pendu à la potence dressée hors de l'enceinte, au lieu dit Galgenberg, le Mont de la Potence, la place Poelaert actuelle.

Mais de quoi vivent-ils, les Bruxellois? De la draperie, de la tannerie et de tous les métiers du bois, ainsi que du commerce de l'alimentation.

Les artisans et les marchands se groupent, par rues, selon leur spécialité.

Les conflits sociaux naissent et on assiste, en 1303, à une violente émeute du peuple contre la bourgeoisie.

Celle-ci ne rétablira qu'en 1306 et après une bataille livrée à Vilvorde, ses pouvoirs sur la ville où vit tout un prolétariat pauvre, turbulent, agité de revendications diverses.

Ces hommes essayent de partager peu à peu avec les familles riches, l'administration de la cité, mais ils n'y réussiront que partiellement par le truchement des corporations. En 1356, à la suite de querelles entre grands féodaux, les troupes du comte de Flandre envahissent et occupent Bruxelles dont elles seront chassées par Everard t'Serclaes. Son monument, œuvre de Julien Dillens, se trouve aujourd'hui, rue Charles Buls près de la Grand-Place.

Les événements de 1356 ayant prouvé aux Bruxellois que leur vieille enceinte ne les mettait pas à l'abri d'une invasion, ils fortifient et aggrandissent leurs murailles qu'ils garnissent d'artillerie.

Derrière ces remparts, que se passe-t-il? Un spectacle plutôt contrasté. Les mœurs sont rudes, le goût du luxe éclabousse la misère; on se rend dans des libertines étuves: de grandes cuves de bois où l'on se baigne tous ensemble; on organise des fêtes populaires et pendant ce temps-là, des mystiques comme Jan Ruusbroec et l'hérétique Bloemardinne expriment, en des textes admirables, l'intensité de leur foi.

Cette foi que vivent dans les couvents de nombreux religieux tandis qu'un bourgeois comme Pierre Van Huffel, en 1358, lègue tous ses biens à une maison destinée à éduquer des écoliers pauvres et que d'autres notables créent des hospices pour les vieillards.

Bruxelles est, alors, défendue par la «Schuttersgilde», la gilde des arbalétriers. Ils sont les gendarmes de la cité, veillent à l'ordre public, gardent les portes des remparts et on devra à ces hommes l'érection de l'église de Notre-Dame des Victoires au Sablon, un chef-d'œuvre du gothique tardif.

Vers la fin du XIVe siècle, Bruxelles, qui compte 30.000 âmes, s'embellit, on travaille à la collégiale des saints Michel et Gudule, on construit une halle aux draps et on pave les rues et on les orne de jolies fontaines, car les ducs de Brabant ont fait de la ville leur capitale, Louvain étant trop turbulente et souvent secouée par des émeutes ouvrières.

En 1379, s'établit à Bruxelles le grand sculpteur Claus Sluter, entouré d'une équipe de brillants artistes.

Mais en 1421, les corporations, après des troubles graves, réussissent à obtenir un privilège qui leur assure une large participation à la gestion de la cité et celle-ci va devenir bourguignonne à cause de l'extinction de la dynastie des ducs de Brabant.

Sous Philippe le Bon et Charles le Téméraire, Bruxelles fait figure de vraie capitale, voit défiler princes, diplomates et grands seigneurs tandis que son hôtel de ville s'élève, ravissant, dans le ciel brabançon et que des peintres aussi remarquables que Van der Goes et Van der Weyden groupent autour d'eux de fervents disciples qui obtiendront dans toute l'Europe des commandes innombrables.

Les industries d'art se multiplient: tapissiers, fondeurs de cuivre, brodeurs, orfèvres, et les chambres de Rhétoriques jouent des « mystères « ou des « farces » qui ont vif succès.

L'heure d'Érasme va sonner, le célèbre humaniste qui séjourne à Anderlecht dira: « Je suis souvent rappelé en Brabant par les lettres de mes amis. Je voudrais y vieillir. C'est ma patrie ».

De 1516, au début du XVIIIe siècle, le destin de Bruxelles sera lié à celui

Onder de invloed van de hertogen van Brabant, breidt Brussel zich nog meer uit tijdens de 13de eeuw. De stad krijgt een keure die aan haar burgers talrijke garanties verleent, zowel voor wat hun persoonlijke bescherming als deze van hun goederen betreft. Tevens worden zware straffen voorzien tegen diegenen die de vrede zouden vertroebelen, evenals juridische maatregelen om deze te herstellen. Een beeld van de nog brutale zeden van die tijd, geven de enkele getroffen maatregelen die we hier laten volgen: bij verminking wordt de wet van de wedervergelding toegepast. De boeten variëren van 20 stuivers tot 20 pond. Zo bijvoorbeeld werd bedreiging met brandstichting beboet met 10 pond; verwondingen aan het hoofd met 20 pond; voor makkelijk te genezen verwondingen, 5 pond; voor een kaakslag met uitbreng van tanden of bloedingen, voor een vuistslag of een schop, 3 pond; voor een slag gegeven met een pot of kan, 10 pond; wie zijn tegenstander bij de haren trok of hem in het slijk wierp, werd beboet met 3 pond; een vrouw die haar man sloeg moest 20 shilling betalen of stenen van de ene naar de andere parochie dragen. De doodstraf werd uitgesproken voor moord, verkrachting, brandstichting, ontvoering, schending van een bestand. De schuldige werd opgeknoopt aan de galg die buiten de stadsmuren, op de Galgenberg – het huidige Poelaertplein – was opgericht.

Maar van wat leven de Brusselaars? Van de lakenhandel, de leerlooierij van allerlei soorten van houtbewerking, evenals van de handel in levensmiddelen. Ambachtslui en handelaars groeperen zich per straat en volgens hun specialiteit.

Sociale conflicten rijzen op, en in 1303 beleven wij een ernstige opstand van het volk tegen de bourgeoisie.

Deze laatste zal haar gezag over de stad, waarin op dat ogenblik een verarmd, rumoerig en door velerlei eisen gedreven proletariaat woont, eerst in 1306, en na een regelrechte veldslag geleverd te Vilvoorde, kunnen herstellen.

Dit proletariaat tracht stilaan medezeggenschap te verkrijgen in het beheer van de stad, tot nog toe in handen van enkele rijke families. Ze zullen hierin slechts ten dele gelukken en dan nog langs de gilden om.

Als gevolg van de heersende twisten tussen de grote leenheren, wordt de stad in 1356 door de legers van de graaf van Vlaanderen veroverd en bezet.

Ze worden uit Brussel verjaagd door Everard 't Serclaes, wiens gedenkteken – een werk van Julien Dillens – zich thans in de Karel Bulsstraat, dicht bij het stadhuis, bevindt.

Uit de gebeurtenissen van 1356 leerden de Brusselaars alvast, dat hun oude vestingmuren geen beschutting meer boden tegen eventuele invallers. Ze werden dan ook versterkt en vergroot en bovendien voorzien van zwaar geschut.

Wat gebeurt er nu binnen deze muren? Een eerder contrastrijk spectakel. De zeden zijn ruw, de hang naar luxe is een hoon voor de heersende miserie; het bezoek aan de zogenaamde badstoven heeft een eerder libertijns karakter: in grote houten kuipen baden mannen en vrouwen samen; volksfeesten worden georganiseerd en intussen geven mystieken, als Jan Ruusbroeck en de ketterse Bloemardinne uiting aan hun geloofsgloed in wondermooie teksten. Terwijl dit geloof door talrijke religieuzen in hun kloosters beleefd wordt, vermaakt een burger als Pieter Van Huffel, in 1358, al zijn goederen aan een tehuis bestemd voor de opvoeding van arme leerlingen en stichten andere notabelen hospitalen voor de ouden van dagen.

Brussel wordt op dat ogenblik verdedigd door de schuttersgilde. Zij vormt de rijkswacht van de stad, zorgt voor de openbare orde, bewaakt poorten en vestingmuren. Aan deze gilde hebben wij overigens de oprichting te danken van de Onze-Lieve-Vrouw van de Zavelkerk, een laatgotische droom.

Rond het midden van de 14de eeuw – Brussel telt op dat ogenblik 30.000 inwoners – wordt de stad merkelijk verfraaid. Er wordt gewerkt aan de Sint-Michielskathedraal, men bouwt de lakenhalle, terwijl de straten geplaveid en van mooie fonteinen voorzien worden. De hertogen van Brabant hebben Brussel tot hoofdstad gekozen, omdat Leuven hun te rumoerig lijkt en al te vaak door arbeidersrebellie wordt geteisterd.

In 1479 vestigt de grote beeldhouwer Klaus Sluter zich te Brussel, omringd door een schitterende schaar kunstenaars.

In 1421, en na ernstige troebelen, slagen de gilden er in, een privilegie af te dwingen, waardoor ze inspraak verkrijgen in het dagelijkse bestuur van de stad.

Door het uitsterven van de dynastie van de hertogen van Brabant gaat de stad trouwens over in Boergondische handen.

Onder Filips de Goede en Karel de Stoute verkrijgt Brussel het karakter van een echte hoofdstad, verblijfplaats van prinsen, diplomaten en hoge heren, van merkwaardige schilders als Van der Goes en Van der Weyden en

de la dynastie régnante à Madrid, car Charles Quint devient l'héritier de l'immence empire espagnol.

Le 5 janvier 1515, les États Généraux représentant la noblesse, le clergé et la bourgeoisie proclament, à Bruxelles, l'émancipation de Charles Quint. Ce dernier, roi de Castille et de Léon en 1516, empereur d'Allemagne dès 1519, avait été élevé à Malines et ne dissimulait pas son attachement aux Bruxellois. Il revient souvent dans sa chère ville, il y résida de 1544 à 1556 tout en régnant sur un immense empire.

Charles Quint, c'est le Louis xiv des Belges. Il fait de Bruxelles un centre de vie intellectuelle, scientifique et artistique très intense.

Le médecin Vésale, le géographe Mercator, le peintre Van Orley sont parmi les grands noms de cette époque brillante.

Hélas, les erreurs politiques de Philippe ii, le fils de Charles Quint, vont déclencher la révolte des Pays-Bas en partie ralliés au protestantisme. Bruxelles souffrira gravement de ces conflits qui opposeront la noblesse belge à la tyrannie du roi d'Espagne. Le 5 juin 1568, les comtes d'Egmont et de Horne sont décapités à la hache, sur la Grand-Place de la ville où le duc d'Albe fait régner la terreur.

En ces temps troublés, le peintre Pierre Bruegel, qui a pris le parti des catholiques contre les Réformés, exprime dans ses tableaux la misère du peuple et l'angoisse du lendemain. Bruegel habite rue Haute, à Bruxelles.

La ville s'enorgueillit aussi de donner à la Réforme son plus rude pamphlétaire: Marnix de Sainte-Aldegonde. Il est typiquement bruxellois puisqu'il écrit tantôt en français, tantôt en flamand, et est l'auteur du « Wilhelmus », le chant national de la Hollande.

Après les heures dramatiques de la fin du xvie siècle, Bruxelles appauvrie, déchirée entre les factions, écrasée de taxes et rançonnée par les militaires, espère soudain retrouver sa prospérité, grâce aux archiducs Albert et Isabelle.

Ils règneront de 1598 à 1633, d'abord ensemble, puis de 1621 à 1633, Isabelle, devenue veuve, gouvernera seule le pays.

Période de renaissance pour la cité brabançonne, période de la Contre-Réforme aussi où les jésuites et leur ami Rubens créent un style et diffusent un humanisme chrétien qui marquera profondément les élites bruxelloises. Dans leurs nombreux collèges, les jésuites enseignent, à la fois, que très brève est l'existence, mais qu'il y faut toujours briller au premier rang. Pôle négatif et pôle positif d'une intense électricité spirituelle. Elle dotera Bruxelles de notables à la fois détachés et engagés, à la fois sceptiques et ambitieux, à la fois gourmands de vivre et dévots.

La vie de Cour est, alors, réglée par un protocole à la Habsbourg, assez solennel et les sorties de l'Ommegang, la célèbre procession-cortège, sont fastueuses.

En Europe, les guerres se rallument sans cesse. Leur cause? La volonté française de ne jamais voir le royaume de Louis xiii et de Louis xiv saisi dans une tenaille dont une dent serait à Madrid et l'autre à Vienne.

Mais l'Espagne dont dépend Bruxelles subit de lourds revers sur les océans, sa route américaine de l'or est souvent coupée par les corsaires anglais ou hollandais, ses armées s'épuisent. Richelieu d'abord, les généraux de Louis xiv ensuite n'ont qu'un but: frapper l'Espagne dans cette Belgique qui constitue à la fois, son tremplin et sa place forte en Occident.

Ainsi s'explique l'implacable bombardement qu'en août 1695, le maréchal français de Villeroi inflige à Bruxelles.

Son bilan? 3.830 maisons détruites, l'hôtel de ville, la Halle au Drap, la belle Maison du Roi, très endommagés, des églises éventrées, de superbes hôtels comme ceux des Bergyck ou des Arschot criblés de boulets et détruits par le feu. Ce que fut la courageuse et intelligente reconstruction de la capitale, l'historien Louis Verniers le raconte.

Il nous dit que, rapidement, on organisa les secours aux sinistrés. Des convois de vivres furent envoyés par des nobles, des dignitaires ecclésiastiques et par les grandes villes du Brabant (Anvers, Malines et Louvain). Le Magistrat provisoire, installé à l'hôtel d'Ursel et dans quelques autres maisons privées, entreprit les travaux de déblaiement de la zone dévastée. Afin d'éviter les embouteillages, il fut prescrit que les tombereaux se rendant sur les lieux pour l'enlèvement des décombres suivraient une voie, et une autre pour revenir. Voilà le premier cas d'application, à Bruxelles, du « sens unique » actuellement imposé à la circulation des véhicules dans les rues à trafic intense.

On profita des circonstances pour rectifier, élargir et rehausser certaines rues, proches de la Grand-Place (notamment la rue au Beurre, la rue de la Colline et la rue des Chapeliers), pour réédifier, suivant certaines prescriptions, les maisons sans saillie sur la voie publique et pourvues dorénavant de gouttières conduisant les eaux de pluie jusqu'au niveau du sol.

een schaar ijverige discipelen die, uit alle hoeken van Europa, met opdrachten worden belast. Terzelfdertijd wordt ook begonnen met de bouw van het stadhuis.

Ook de kunstindustrie neemt uitbreiding: tapijtwevers, kopergieters, borduurders, goud- en zilversmeden. De rederijkerskamers brengen 'mysteries' of 'boerten' ten tonele, die overigens een groot succes kennen.

Het uur van Erasmus is gekomen. De beroemde humanist, die te Anderlecht verblijf houdt, schrijft: 'Ik word vaak door mijn Brabantse vrienden teruggeroepen. Daar zou ik oud willen worden. Het is mijn vaderland.'

Van 1516 af, tot het begin van de 18de eeuw, is het lot van Brussel gebonden aan dat van de te Madrid regerende Habsburgse dynastie. Karel V wordt immers de erfgenaam van het uitgestrekte Spaanse rijk.

Op 5 januari 1515, wordt hij door de Staten Generaal, die zowel de edelen en de geestelijkheid als de burgerij vertegenwoordigt, te Brussel mondig verklaard. Karel V, koning van Castilië en van Leon in 1516, keizer van Duitsland vanaf 1519, werd opgeleid te Mechelen en heeft zijn gehechtheid aan Brussel nooit onder stoelen of banken gestoken. Hij keert er graag terug, verblijft er zelfs van 1544 tot 1556 en regeert van Brussel uit zijn immens keizerrijk.

Keizer Karel is zowat de Lodewijk xiv der Belgen geweest. Onder zijn impuls, wordt Brussel een centrum van intens intellectueel, wetenschappelijk en artistiek leven. Grote namen uit deze periode zijn naast anderen, de geneesheer Vesalius, de geograaf Mercator, de schilder Van Orley.

Helaas zouden de politieke blunders van Filips II, zoon van Keizer Karel, het sein geven tot de algemene revolte van de Lage Landen, waarvan een groot gedeelte het protestantisme was toegedaan.

Brussel heeft veel te lijden onder de conflicten die de Belgische adel regelrecht in het verzet drijven tegen de tyrannie van de Spaanse koning.

Op 5 juni 1568, worden de graven van Egmont en van Hoorn met de bijl onthoofd op de Grote Markt van de stad, die voortaan gebukt gaat onder de terreur van de hertog van Alva.

De schilderijen van Pieter Bruegel de Oude, die partij heeft gekozen voor de katholieken en tegen de hervorming, zijn een weergave van de miserie van het volk en de angst voor de dag van morgen. Bruegel woont in de Hoogstraat te Brussel.

Maar Brussel kan er ook fier op zijn, aan de hervorming een van haar meest geduchte pamfletschrijvers te hebben geleverd: Marnix van Sint Aldegonde. Hij is een typische Brusselaar, die nu eens in het Frans, dan weer in het Nederlands schrijft, en is de auteur van het 'Wilhelmus', thans de Hollandse nationale hymne.

Na de dramatische jaren van het einde van de 16de eeuw, hoopt het verarmde, inwendig verscheurde, door belastingen verpletterde en door de troepen gerantsoeneerde Brussel, opnieuw zijn vroegere welvaart terug te vinden, dank zijn de aartshertogen Albrecht en Isabella.

Zij regeren samen van 1598 tot 1621. Van 1621 tot 1633, dus na de dood van haar gemaal, regeert Isabella alleen over het land.

Renaissancetijd voor de stad, is de 17de eeuw, ook de periode van de tegenhervorming, waartijdens de Jezuïeten en hun vriend Rubens een stijl creëren en tevens een christelijk humanisme verbreiden, die duidelijk hun stempel drukken op de Brusselse elite.

In hun talrijke colleges leren de Jezuïeten terzelfdertijd, dat het leven op aarde van korte duur is, maar dat men er steeds moet naar streven in de voorste rangen uit te blinken. Een negatieve en een positieve pool dus, maar van een sterke spirituele geladenheid, waardoor Brussel begiftigd wordt met notabelen die terzelfdertijd onthecht en geëngageerd zijn, sceptisch en eerzuchtig, levenslustig en devoot.

Het hofleven wordt geregeld door een tamelijk plechtstatig ceremonieel naar Habsburgse aard. Van een ongewone prachtlievendheid bijvoorbeeld, getuigt de beroemde processie-stoet, bekend als de 'Ommegang'.

Intussen heeft Europa heel wat te lijden van de vele, op zijn grondgebied gevoerde oorlogen. De oorzaak hiervan? De angst van Frankrijk, het koninkrijk van Lodewijk xiii en van Lodewijk xiv in een tang gevat te zien, waarvan de ene kant Madrid, de andere Wenen heet.

Maar het Spanje van die tijd, dat ook Brussel onder zijn voogdijschap heeft, lijdt zware verliezen op zee: de goudroute naar Amerika heeft vaak te lijden van Engelse en Hollandse piraten; de legers raken uitgeput.

Richelieu in de eerste plaats, en vervolgens de generaals van Lodewijk xv, kennen slechts een doel: Spanje te treffen in zijn Belgische bezittingen die tegelijk een springplank en een bolwerk vormen voor het Westen. Dit verklaart het brutale bombardement dat, in augustus 1695, door de Franse maarschalk de Villeroi op Brussel wordt losgelaten.

Dans le dessein de favoriser la reconstruction, le Gouvernement autorisa la Ville à pratiquer des coupes dans la forêt de Soignes et l'exempta, pour un terme de trois ans, de toutes charges et impositions à l'entrée dans le pays et dans la ville, de tous les matériaux destinés à la réédification des immeubles détruits. Il permit aussi l'établissement d'un prix maximum du bois de charpente et d'autres matériaux de construction.

A cette époque, un homme d'état d'envergure, le comte de Bergeyck réunit à Bruxelles des délégués de toutes les provinces belges pour ressusciter la vie économique. Un de ces notables dira: « Nous devons considérer notre pays comme une seule ville et travailler tous ensemble à sa prospérité ».

Au début du XVIIIe siècle, Bruxelles qui aura, désormais, des souverains autrichiens, est jolie.

Une petite promenade en ville? Elle compte cinquante mille habitants, sa Grand-Place fraîchement reconstruite, son théâtre de La Monnaie, sa rue Haute et sa rue Blaes, son église de la Trinité desservie par les moines de Groenendael qui distribuent, lors des fêtes carillonnées, des biscuits sucrés qu'on appelle les pains de la rue Fossé-aux-loups, en flamand: du Wolvengracht, que notre joyeux bilinguisme transformera en « pains à la grecque ».

Le beurre nous vient des fermes de Saint-Gilles, et c'est à Ixelles, le long des étangs, qu'on se rend, en famille, le dimanche.

« Le Guide Fidèle », édité à l'époque, nous dit: « Le long des eaux ixelloises, s'étendent de vastes jardins ornés d'une infinité de charmilles et d'autres verdures, de ruisseaux, d'allées, de grands arbres où le peuple des deux sexes prend le plaisir de la musique et de la danse, comme pour entretenir la gaieté qui lui est naturelle ».

Dans la forêt de Soignes, toute proche, sont dispersés une dizaine de monastères et, sous les halliers, vivent nombre de cerfs et de sangliers. C'est Henri Carton de Wiart qui nous décrit l'existence des Bruxellois eux-mêmes: « La vie s'écoule un peu somnolente, les cloches paroissiales réglant le commencement et la fin du travail. Le boulanger joue d'une petite trompette pour annoncer que son pain est sorti du four. Après la messe du matin, où elles vont, enveloppées de la vieille mante brabançonne, la mère et la fille rentrent au logis où tout resplendit d'ordre et de netteté, pour y vaquer à leurs ouvrages d'aiguille et de ménage. A la tombée du jour, les hommes se retrouvent dans les estaminets autour des tables cirées. Ils y boivent, ils y fument à petits coups, ils s'y attardent à leurs cartes et à leurs bavardages jusqu'à ce que tinte le couvre-feu. Quelle joie de se reprendre à respirer sans fièvre après toutes les secousses et les épreuves du siècle de malheur!

«La tapisserie d'art est en déclin. En revanche, dans le remous des barrages et le giroiement des aubes, les teintureries, les brasseries et les tanneries sont bruissantes d'activité au long de la Senne ».

Les ateliers de carrosserie voient grandir leur réputation. Quelques banques facilitent le mouvement des affaires. L'une d'elles, celle de Mathias Nettine, établie rue des Longs Chariots, deviendra bientôt la première des Pays-Bas.

Le petit peuple est resté fruste et les pauvres sont légion.

Les tables de charité et les couvents leur tiennent lieu de notre Commission d'assistance publique.

Au-dessus d'une petite et d'une moyenne bourgeoisie de fabricants, de marchands et de boutiquiers, s'est formée une élite sociale férue de son importance et où les juristes du Conseil de Brabant et des Conseils collatéraux jouent les premiers rôles. On y vit bien et la chère y est plantureuse, le bien-vivre devant s'entendre ici du physique comme du moral. A l'étage tout à fait supérieur, quelques familles de grande noblesse disposent de revenus importants et passent la majeure partie de l'année dans leurs terres.

Bruxelles est, au XVIIIe siècle, peuplée de femmes originales.

Voici, dans une demi-pénombre, Mademoisselle Cardos, fille naturelle d'un richissime Juif espagnol. Des yeux très noirs, un humour corrosif, une bibliothéque immense et la plus étrange des existences, puisque cette demoiselle vit en ménage avec les deux frères de l'évêque d'Ypres, les messieurs Wavrans, l'un président de la Chambre des Comptes, et l'autre membre éminent du Conseil Privé.

Les fameux soupers de Mademoiselle Cardos étaient fameux et on y fermait les yeux sur tout, sauf sur les perdrix aux choux, la spécialité de la maison.

Beaucoup moins amie du mystère que Mademoiselle Cardos, prompte au contraire à se faire valoir, Mademoiselle Murray, fille d'un avocat belge d'origine écossaise, était la coqueluche des salons.

Cette demoiselle pondait des odes avec une infatigable ardeur. Odes à Marie-Thérèse, à Joseph II, à Catherine II, et cela en alexandrins.

De balans van dit bombardement? 3830 huizen vernield, het stadhuis, de lakenhalle, het mooie Broodhuis, zwaar beschadigd, kerken opengereten, prachtige herenhuizen als dat van de Bergeyck of van de familie van Aarschot, door kanonkogels getroffen en door het vuur vernield.

Over de moedige en intelligente wederopbouw van de hoofdstad, vertelt de historicus Louis Verniers. Hij schrijft dat zeer spoedig de hulpverlening aan de getroffenen werd georganiseerd. Levensmiddelenkonvooien werden gezonden door edelen, kerkelijke hoogwaardigheidsbekleders en door de grote steden van Brabant (Antwerpen, Mechelen en Leuven). De Brusselse magistraat, gevestigd in het hotel 'van Ursel' en in enkele andere privé-woningen begon onmiddellijk met de opruimingswerken in de getroffen zone. Om opstoppingen te vermijden, werd besloten dat de karren, belast met het opruimen van het puin, een bepaalde weg zouden volgen naar, en een andere weg vanuit de getroffen zone. Dat mag dan wel de eerste toepassing heten van het eenrichtingsverkeer dat thans van kracht is in straten met druk verkeer.

Van de omstandigheden werd ook gebruik gemaakt om sommige straten dicht bij de Grote Markt gelegen (o.m. de Boterstraat, de Heuvelstraat en de Hoedenmakersstraat) recht te trekken, te verbreden en te op te hogen om, volgens bepaalde voorschriften, de huizen zonder de weg belemmerende voorbouw en voorzien van tot op de grond reikende dakgoten, weder op te bouwen. Met de bedoeling de werderopbouw te begunstigen, verleende de regering aan de stad de toestemming bomen te hakken in het Zoniën-woud en werd Brussel, voor een termijn van drie jaar, vrijgesteld van lasten en taksheffing bij het binnenkomen van het land of de stad, en dit voor alle materialen die bestemd waren voor de wederopbouw. Ook werd een maximumprijs bepaald voor het timmerhout en voor andere bouw-materialen.

Graaf van Bergeyck belegde te Brussel een samenkomst van afgevaar-digden uit alle Belgische provincies, met het oog op de wederopleving van het economische leven. Een der notabelen zou hierbij gezegd hebben: 'Wij moeten ons land beschouwen als een grote stad en allen samenwerken aan de voorspoed ervan.'

Bij het begin van de 18de eeuw is Brussel, dat voortaan Oostenrijkse machthebbers heeft, een mooie stad geworden.

Laat ons een kleine wandeling maken door de stad. Ze telt vijftigduizend inwoners. De grote Markt is volledig heropgebouwd. De stad bezit haar Muntschouwburg, de Hoogstraat en de Blaesstraat, de Drievuldigheidskerk die bediend wordt door de monikken van Groenendaal. Op de grote feest-dagen verdelen deze gesuikerde koeken, in de volksmond 'broden van de Wolvengracht' genoemd, en door onze vrolijke tweetaligheid omgedoopt in 'pains à la grecque'.

De boter wordt geleverd door de boerderijen van Sint-Gillis, en 's zon-dags gaat de familie haar wandelingetje maken langs de oevers van de vijvers van Elsene.

De 'Guide fidèle' die toen werd uitgegeven, vertelt: 'Langs de oevers van de vijvers van Elsene strekken zich grote hovingen uit, beplant met een oneindige variëteit van hagebeuken en ander groen, met grote bomen en doorsneden met beekjes en lanen. Het volk geniet er van muziek en dans en onderhoudt aldus de hem aangeboren vrolijkheid.'

In het dicht bijgelegen Zoniënwoud liggen een tiental kloosters ver-spreid, en in het dichte struikgewas, leven talrijke herten en everzwijnen.

Een beeld van het alledaagse leven van de Brusselaar hangt Henri Carton de Wiart op: 'Het leven verloopt ietwat slaperig. De parochie-klokken regelen het begin en het einde van de werktijd. De bakker blaast op een trompetje om aan te kondigen dat het brood gebakken is. Gehuld in de oude Brabantse kapmantel, keren moeder en dochter uit de ochtendmis naar huis, waar alles blinkt van orde en zindelijkheid, om er zich bezig te houden met naaldwerk en de gebruikelijke huishoudelijke werkjes. Bij het vallen van de avond komen de mannen samen in hun stamkroegen. Ze drinken er, roken profijtelijk hun pijpje, en blijven, bij kaartspel en babbelpraatjes, hangen tot het luiden van de avondklok, Welk een vreugde opnieuw te kunnen beginnen, vrij te kunnen ademen, na de troebelen en beproevingen van de ongelukseeuw! De kunsttapijtweverij is in verval. In tegenstelling hiermee, zijn de ververijen, de bierbrouwerijen en leer-looierijen, gelegen langs de oevers van de Zenne, bijzonder actief.'

De rijtuigmakerij is in volle groei en bloei. Enkele banken zorgen voor een vlot verloop van zaken. Een ervan, de bank van Mathias Nettine, gevestigd in de Lange Wagenstraat, zal weldra de belangrijkste bank van de Nederlanden worden.

Het kleine volk blijft onbehouwen en er zijn armen bij de vleet. Te hunnen opzichte nemen de armentafels en de kloosters de taak waar van onze huidige Commissies van Openbare Onderstand.

On l'appelait la « Muse Belgique » et on savait qu'elle aimait le ministre Cobenzl.

Si ce dernier administrait la Belgique au nom de l'impératrice Marie-Thérèse d'Autriche, Madame Nettine, c'était la puissance.

Toujours de noir vêtue, un bonnet blanc sur la tête, une croix d'or ballotant sur son abondante poitrine, Madame Nettine, née Louise Stoupy, était liégeoise et veuve du plus opulent banquier belge.

Femme d'affaires, elle faisait fructifier les capitaux des seigneurs terriens grâce à de judicieux placements dans les manufactures.

Elle avait quatre filles dont l'aînée, Louise, épousa le vicomte de Walckiers qui jouera un rôle considérable lors de la révolution de 1789.

Les autorités autrichiennes sont aux petits soins pour la tribu Nettine et Cobenzl fait envoyer à la ravissante Louise de Walckiers « un bouquet tout en fleurs d'Italie, choisies avec soins et sans être confus, garni de beaucoup de petites fleurs pour remplir les vides », ainsi qu'il le déclare lui-même à un ami.

Le comte Carlos de Villermont s'amuse, en une page ma foi très cocasse, à étudier ce que mangeait à Bruxelles le plénipotentiaire Cobenzl et comment ses amis belges désireux de garder les faveurs de son Excellence, garnissaient sa table.

Voici, par exemple, le menu du 6 juillet 1761, pour dix à onze couverts: trois soupes, une à la purée verte avec tendron de veau, une à la choucroute avec carré de cochon, une tripette de mouton.
Relevé: une pièce de bœuf bouilli, sauce raifort.
Deuxième service: un dindon vieux aux petits pois; un canard vieux aux concombres; une côtelette de veau en surprise; une épaule d'agneau garnie de laitues.
Troisième service: une poularde garnie de deux pigeons; artichauts frits; pâtisserie.

Mais l'homme d'État qui marque de son emprise, de 1740 à 1780, la vie Bruxelloise, c'est le gouverneur de la Belgique: Charles de Lorraine.

Charles de Lorraine n'est pas seulement un joyeux convive et un galant compagnon.

Il s'intéresse de près à l'essor économique de la Belgique. Un chiffre: lorsqu'il est nommé gouverneur, en 1740, il y a 100 kilomètres de bonnes chaussées chez nous. En 1770, on en comptera mille.

Bruxelles a trois journaux théoriquement quotidiens, mais comme ils s'impriment dans des caves, au bas de la Montagne de la Cour, lorsqu'il a plu à torrent, il ne paraissent pas: « En raison du flot importun et fatal de l'inondation », comme l'annonce l'un d'eux.

Charles de Lorraine, curieux de tout et résolu à se livrer aux expériences les plus diverses, commande même en France des vers à soie, car il croit pouvoir transformer Bruxelles: « En une nouvelle Lyon et ainsi accroître sa prospérité ».

A Tervueren, le gouverneur finance l'établissement de fabriques d'indiennes, ces tissus alors si en vogue et il assiste, ravi, au développement des grandes entreprises de deux puissants capitalistes belges: monsieur Desandrouins qui exploite des mines et monsieur Romberg, un armateur qui, à Ostende, possède une centaine de navires de divers tonnages et assure du travail à 2.000 matelots.

Mais l'intérêt que porte le gouverneur aux affaires ne l'empêche pas de se vouloir à la fois, mécène et philantrope.

Mécène, car il ouvre aux érudits, aux professeurs, aux étudiants les splendides collections de la célèbre Bibliothèque de Bourgogne; philantrope, puisqu'il crée plusieurs orphelinats.

Une brève statistique illustre les bienfaits des quarante ans de « règne », de Charles de Lorraine: en 1740 on comptait 100.000 mendiants dans le pays.

En 1780, on en recense 1.500 et parmi eux, certes, nombre de clochards professionnels, d'inadaptés sociaux, de demi-fous généralement inoffensifs.

En 1769, le gouverneur soutient sans réserve la réalisation d'un grand projet de l'impératrice Marie-Thérèse: la fondation à Bruxelles d'une Académie des Arts, des Lettres et des Sciences.

Son premier secrétaire perpétuel, c'est l'érudit chanoine Joseph Gérard.

Que pense-t-on de Bruxelles à cette époque?

Voltaire: « On mène à Bruxelles une vie douce et retirée qui ressemble fort à l'ennui.»

Le Prince de Ligne: « Il y avait dans cette ville nombre d'originaux. Quand mon père se mouchait, il avait l'air d'étendre un drapeau, quand il toussait, on aurait cru ouïr un coup de canon; quand il se retournait, tout le monde allait sous terre ».

Après le si bienfaisant Charles de Lorraine, l'empereur Joseph II veut imposer aux Belges des réformes brimant leurs libertés traditionnelles.

La situation s'aggrave et, en 1789, les Bruxellois se soulèvent contre Joseph II.

Boven de kleine en gemiddelde burgerij heeft zich een sociale elite gevormd die prat gaat op haar belangrijkheid en waarin de juristen van de Raad van Brabant en van de Collaterale Raden een eersterangsrol spelen. Men leeft goed in deze kringen en eet en dringt er overvloedig. Goed leven geldt hier zowel op de fysieke als de morele kant van het leven.

Op het allerhoogste niveau bewegen zich enkele families van hoge adel. Zij beschikken over belangrijke inkomsten en verblijven het grootste deel van het jaar op hun landgoederen.

Het 18de-eeuwse Brussel kan bogen op heel wat originele vrouwen. Enigszins teruggetrokken leeft Mejuffer Cardos, dochter van een zeer rijke Spaanse Jood. Ze heeft donkere ogen, een bijtende humor, een enorme bibliotheek en leidt een eerder ongewoon bestaan, vermits ze een verhouding heeft met de twee broers van de bisschop van Ieper. Van deze beide Wavrans is de ene president van het Rekenhof, de andere een illuster lid van de Privé-Raad.

De soupers van Mejuffer Cardos zijn beroemd en men sluit er het oog voor alles, behalve voor patrijs met kool, de specialiteit van het huis. Minder op het mysterieuze toegespitst dan mejuffer Cardos, overigens steeds klaar om zich te laten gelden, is mejuffer Murray, dochter van een Belgisch advokaat van Schotse afkomst en troetelkind van de salons.

Deze juffrouw dicht oden met de regelmaat van een klok: oden aan Maria-Theresia, aan Jozef II, aan Catharina II, dat alles in alexandrijnen. Men noemde ze de 'Muse Belgique' en het was ook bekend dat ze de minnares was van minister Cobenzl.

Zo deze laatste België regeerde uit naam van keizerin Maria-Theresia van Oostenrijk, dan was mevrouw Nettine de stille kracht ervan. Madame Nettine, geboren Louise Stoupy, was van Luikse afkomst en weduwe van de rijkste bankier van België, Ze ging steeds in het zwart gekleed, een witte muts op het hoofd en droeg een gouden kruis op haar weelderige boezem. Als vrouw uit het zakenleven deed ze het kapitaal van de landadel gedijen, dank zij oordeelkundige plaatsingen in renderende fabrieken. Ze had vier dochters, waarvan de oudste, Louise, huwde met burggraaf de Walckiers die een belangrijke rol zou spelen tijdens de revolutie van 1789.

De Oostenrijkse autoriteiten tonen zich zeer bezorgd voor de Nettine-clan en Cobenzl stuurt de mooie Louise de Walckiers 'un bouquet tout en fleurs d'Italie, choisies avec soins et sans être confus, garni de beaucoup de petites fleurs pour remplir les vides', zoals hijzelf aan een zijner vrienden verklaart.

Graaf Carlos de Villermont zijnerzijds, vindt er plezier in na te gaan wat gevolmachtige Cobenzl in Brussel zoal eet en hoe de naar zijn gunsten dingende Belgische vrienden zijn tafel van het nodige voorzien.

Een voorbeeld hiervan is het menu van 6 juli 1761, menu voor tien tot elf personen: drie soepen, waarvan een uit groene puree met kalfsstuk, een met zuurkool en varkenvlees, een kleine schaapspens.
Tussengerecht: een stuk gekookt ossenvlees, mierikwortelsaus.
Tweede gang: kalkoen met kleine erwtjes, eend met komkommers, kalfsrib, lamsschouder met salade.
Derde gang: jonge gemeste kip met twee duiven; in het vet gebakken artisjokken, gebakjes.

Maar de staatsman die, tijdens de periode 1740 tot 1780, het leven in de hoofdstad het sterkst heeft beïnvloed, is de gouverneur van België, Karel van Lorreinen.

Karel van Lorreinen is niet alleen een vrolijk tafelgenoot, maar ook een galant metgezel.

Zijn grote belangstelling voor de economische opgang van België blijkt wel uit het feit dat, toen hij in 1740 tot gouverneur benoemd werd, België slechts over 100 kilometer goede wegen beschikte, terwijl dit cijfer in 1780 was opgelopen tot duizend.

Brussel bezit drie dagbladen, theoretisch althans, want, vermits ze in onderaan de Kunstberg gelegen kelders gedrukt worden, verschijnen ze niet wanneer het hard heeft geregend. In een ervan staat dan te lezen 'En raison du flot importun et fatal de l'inondation'.

Karel van Lorreinen, die voor alle nieuwigheden openstaat, waagt zich ook aan de meest diverse experimenten. Zo laat hij uit Frankrijk zijderupsen komen, met het doel 'van Brussel een nieuw Lyon te maken en aldus de welvaart ervan te bevorderen'.

Te Tervuren financiert hij de vestiging van fabrieken waar fijn bedrukt katoen, 'indiennes', wordt vervaardigd, een artikel dat zeer in de mode is. Tevens moedigt hij, met alle mogelijke middelen, de ondernemingen aan van twee machtige Belgische kapitalisten: enerzijds van de mijnexploitant Desandrouins, anderzijds van de reder Romberg die, te Oostende, een vloot van een honderdtal schepen bezit en die aan zowat 2.000 matrozen werk verschaft.

18 décembre 1789: à tous les balcons de la capitale, les trois couleurs du Brabant et, trônant dans un carrosse doré, escorté par les hallebardiers de nos gouverneurs autrichiens, que voit-on? Tout simplement, le leader brabançon Henri van der Noot se rendant à un Te Deum à Sainte-Gudule pour célébrer son triomphe sur Joseph II.

La foule acclame le tribun qui, trois semaines plus tard, le 7 janvier 1790, convoque deux cents députés des provinces dans la capitale, sous le nom de « Congrès souverain ».

Le 11 janvier, décalquant la Charte fondamentale des États-Unis, les représentants votent un traité d'union entre les provinces. Bientôt querelles et antagonisme divisent la jeune république des États Belgiques Unis. Les Autrichiens reprennent le pouvoir en Belgique mais devront abandonner celle-ci aux armées françaises. Jusqu'en 1814, le Belgique sera annexée à la France. Le 21 juillet 1803, Bonaparte, encore premier Consul, visite Bruxelles.

Au crépuscule la ville est en liesse, des flambeaux, des étendards, des cadeaux aux hôtes français: Bonaparte reçoit une superbe voiture de 42.000 francs, œuvre du fameux carrossier Simons, le premier d'Europe à cette époque, et Joséphine, rose de plaisir, ouvre une boîte contenant la plus ravissante des robes de dentelles.

Le programme des journées bruxelloises est très chargé.

Avec les autorités de la ville, Bonaparte s'entretient du Code civil, des grands travaux, des besoins du culte, des traitements de la magistrature. Il visite plusieurs manufactures et assiste avec Joséphine à trois fêtes.

La première, le 23 juillet, à l'hôtel de ville, fut une invraisemblable cohue, des dames y perdirent chapeau et réticule, des messieurs y eurent leur habit déchiré et des généraux, furieux, virent couler la cire des chandelles sur leurs épaulettes toutes neuves.

Après cette trop breughelienne kermesse, le bal de l'aristocratie, le 27, fut plus digne, mais le 29, au Parc, ce fut un triomphe: concert, feu d'artifice, spectacles variés et joie universelle.

Il est vrai que Bonaparte avait fait de son mieux pour se concilier toutes les sympathies.

Comme le raconte Paul Verhaegen, il avait assisté, le dimanche 24 juillet, à la grand-messe célébrée à Sainte-Gudule par l'archevêque de Roquelaure; il s'y était placé sous le dais réservé aux monarques. D'après Madame de Rémusat, il se serait informé du cérémonial observé lors d'une visite faite à la collégiale par Charles Quint, et il aurait pris soin d'entrer par la même porte que l'empereur. Inspectant le lycée, il avait insisté sur les pratiques religieuses à enseigner aux élèves. Il avait donné 8.000 franc pour restaurer Sainte-Gudule et 5.000 francs aux religieuses, les Sœurs Noires. Déférant aux demandes réitérées qui lui étaient adressées à Bruxelles, et aux sollicitations entendues à plusieurs reprises au cours de son voyage, il data de Bruxelles différentes mesures réparatrices: radiation de nombreux noms de Belges figurant sur la liste des émigrés; suppression du séquestre établi sur beaucoup de patrimoines d'absents; restitution aux fabriques d'églises de leurs biens (7 Thermidor, an XI); ordre de liquider les dettes de la République en Belgique et les dettes des communes de la Belgique (9 Thermidor, an XI). Il arrêta également le principe d'une grande entreprise de travaux publics: le canal de Bruxelles à Charleroi. Enfin, des commandes importantes furent passées aux ateliers du carrossier Simons et aux manufactures de dentelles.

L'Empire naît en 1804 et Bruxelles que devient-elle?

La ville compte alors 80.000 habitants, 282 rues, 16 marchés et 19 places.

Le parc royal est déjà serti, comme une verte et géométrique émeraude, entre la rue de Bellevue, la rue Ducale, la rue de la Loi et la rue Royale.

Mais attention: la rue de la Loi s'achève en cul-de-sac et si vous voulez descendre vers Sainte-Gudule, vous irez par le Mont-du-Parc et la rue de la Chancellerie.

La place Royale, terminée en 1785, est identique à celle d'aujourd'hui: un beau poème classique plus cornélien que racinien, sans passion mais non sans grandeur.

La rue de la Régence n'existe pas.

Si vous désirez gagner la porte de Namur, qui s'ouvre sur une chaussée menant au village d'Ixelles, vous enfilerez la rue du Coudenberg, l'actuelle rue de Namur.

La ville est ceinturée d'un rempart trop usé: il date du XVIe siècle. Il craque, se fend, s'écroule de toutes parts et ses fossés abritent des anguilles énormes, de coassantes grenouilles, des carpes couleur de bronze et de friture.

Le dimanche, la promenade habituelle, c'est le tour des vieilles murailles, un large chemin les ourle, tout ombré de tilleuls odorants.

A Schaerbeek, on ne voit que quelques fermes aux murs de torchis;

Maar naast zijn belangstelling voor het zakenleven, is Karel van Lorreinen ook nog mecenas en filantroop.

Als mecenas stelt hij voor de geleerden, professoren en studenten de schitterende collecties van de beroemde Bibliotheek van Boergondië open; als filantroop sticht hij verschillende tehuizen voor wezen.

Een korte statistiek bevestigt de weldaden van de veertigjarige regering van Karel van Lorreinen: in 1740 telde België 100.000 bedelaars. In 1780 zijn er nog slechts 1500 en hieronder moeten zeker nog tal van professionele zwervers, sociaal onaangepasten en ongevaarlijke halfgaren worden gerekend.

In 1769 stelt Karel van Lorreinen zich volledig achter de verwezenlijking van een groot project van Maria-Theresia: de stichting te Brussel van een Academie voor kunsten, letteren en wetenschappen. Haar eerste bestendige secretaris is de geleerde kanunik Jozef Gérard.

Hoe beoordelen de tijdgenoten het toemalige Brussel?

Voltaire schrijft: 'Men leidt te Brussel een aangenaam en ietwat teruggetrokken leven dat veel gelijkt op verveling.' En prins Karel-Jozef de Ligne: 'In deze stad leefden heel wat originelen. Wanneer mijn vader zijn neus snoot, zag het er naar uit of hij een vlag openspreidde; wanneer hij hoestte was het of een kanonschot losbrandde; wanneer hij zich omdraaide, kroop iedereen in de grond.'

Helaas, na de weldaden van Karel van Lorreinen, wil keizer Jozef II aan de Belgen hervormingen opdringen die hun traditionele vrijheden ten zeerste in het gedrang brengen. De situatie spits zich toe en, in 1789, komen de Brusselaars in opstand tegen de keizer.

18 december 1789: van alle balcons wappert de Brabantse driekleur en tronend in een vergulde karos, geëscorteerd door de hellebaardiers van onze Oostenrijkse gouverneurs, begeeft de Brabantse leader Hendrik van der Noot zich naar een Te Deum in de Sint-Goedelekerk om er de overwinning op Jozef II te vieren.

De menigte juicht de tribuun toe die, drie weken later, op 7 januari 1790, tweehonderd afgevaardigden uit de provincie naar de hoofdstad ontbiedt, waar het 'Souverein Congres' plaatsvindt.

Op 11 januari stemmen de provinciale vertegenwoordigers een eenheidsverdrag tussen de provincies, dat in grote trekken een kopij is van het fundamenteel handvest van de Verenigde Staten van Amerika.

Maar onderlinge twist en wedijver steken weldra het hoofd op en zaaien verdeeldheid in de jonge republiek van de Verenigde Belgische Staten.

De Oostenrijkers veroveren opnieuw de macht in België, maar moeten de wijk nemen voor de Franse legers. Tot 1814 zal België een Franse provincie worden en op 21 juli 1803, brengt Bonaparte, toen nog eerste consul, een bezoek aan Brussel.

Bij het invallen van de avond baadt Brussel in een echte feeststemming, met fakkels, vlaggen, en geschenken voor de Franse gasten. Bonaparte ontvangt een prachtige koets ter waarde van 42.000 frank, een werk van de beroemde wagenmaker Simons, op dat ogenblik de belangrijkste van Europa; Josephine, kleurend van blijdschap, krijgt een verrukkelijk kanten kleed.

Het programma van de Brusselse dagen is zwaar gevuld. Met de stadsautoriteiten heeft Bonaparte het over het burgerlijk wetboek, de grote werken, de noden van de cultus, de wedden van de magistratuur. Hij bezoekt meerdere manufacturen en woont, met Josephine, drie feesten bij.

Het eerste, gegeven in het stadhuis op 23 juli, eindigt in een onbeschrijflijke verwarring. De dames verliezen er hoed en handtas, de heren komen er met gescheurd habijt af en de generaals zijn woedend omdat gesmolten kaarsenwas op hun gloednieuwe epauletten terecht is gekomen.

Na deze ietwat te Bruegeliaanse kermis, verloopt het bal der aristocratie, op 27 juli, toch heel wat waardiger. Maar het feest in het park, op 29 juli, wordt een triomf: concert, vuurwerk, gevarieerd spektakel en algemene jolijt.

Het moet gezegd, dat Bonaparte alles in het werk heeft gesteld om de bevolking gunstig te stemmen. Volgens het relaas van Paul Verhaegen, woonde hij, op zondag 24 juli, in Sint-Goedele de hoogmis bij die er door aartsbisschop de Roquelaure werd opgedragen. Hij nam plaats onder het het baldakijn dat was voorbehouden aan de vorsten. Naar het zeggen van Madame de Rémusat zou hij zich hebben geïnspireerd op het ceremonieel dat gevolgd werd bij een bezoek van keizer Karel aan de collegiale en droeg hij er zorg voor de kerk te betreden door dezelfde deur die ook gebruikt werd.

Bij een bezoek aan het lyceum legde hij de nadruk op de godsdienstige vorming van de leerlingen. Hij schonk 8.000 frank voor het restaureren van Sint-Goedele en 5.000 frank aan de religieuzen, de Zwarte Zusters. Gevolg gevend aan herhaalde vragen die hem te Brussel werden gesteld, en aan

à Ixelles, les étangs sont bordés de guinguettes et de chaumières; Etterbeek est très rural aussi; à Sint-Gilles, vivent des ouvriers, des artisans et des paysans, un peu comme à Beersel aujourd'hui.

Dans la vallée de la Senne, sont établies les fabriques de tissus qui font la fortune de Monsieur Schavye.

Un coin dangereux, véritable repaire de filous et de hors-la-loi: le bois de Linthout dont le parc de l'actuel couvent du Sacré-Cœur est le très paisible vestige.

Une forêt magnifique: celle de Soignes où serpente une mauvaise route qui mène vers le plateau de Mont-Saint-Jean et le village de Waterloo.

Bruxelles a son histoire, ses secrets, ses splendeurs.

Dans un hôtel de la rue Royale, vécut, en 1790, Marie-Louise de Rohan-Soubise qui fut victime de la fameuse affaire du collier.

L'ancien palais de Charles de Lorraine est devenu un musée et une bibliothèque. Elle compte 120.000 volumes.

Si les « gens bien » habitent aux alentours du parc royal, les snobs se croiraient déshonorés s'ils ne se pavanaient pas, le dimanche matin, à pied, à cheval ou en voiture, à l'Allée Verte qui longe le canal de Willebroeck.

On y dénombre jusqu'à 1.000 promeneurs et 500 calèches, tonneaux ou tilburys.

Devant la Monnaie, on peut louer des fiacres à 1 franc la course. Il faut quarante heures à une diligence pour vous conduire de Bruxelles à Paris.

La capitale est gaie et dans les quartiers populaires, on peint les façades en vert, en rose, en jaune.

Une douzaine de bons hôtels offrent aux voyageurs la pension complète à 6 francs par jour et le dîner du soir, vin compris, coûte 3 francs. Dans les estaminets, on boit de la bière de Louvain, du café et du punch.

Et les acteurs qui évoluent dans ce décor?

Honneur aux dames: les Belges de ce temps-là portent encore la faille noire, héritage de la domination espagnole. Les robes ont la taille haute, selon la mode romaine mise en vogue par l'Empire.

En hiver, nos élégantes s'emmitouflent dans des vestes de fourrure, et l'été, leur décolleté en carré est taillé à «d'effronté».

Quant aux hommes, ils ont renoncé aux petites bottes comme aux culottes collantes et leur préfèrent le long pantalon à sous-pieds.

L'habit est orné de larges revers et les hauts-de-forme ont la ligne « tromblon », très évasée.

La cravate large et de soie noire, blanche ou piquetée de fleurettes, se noue solennellement autour du cou.

Mais le « Journal de Belgique », que tout le monde lit, a un chroniqueur assez sévère pour les jeunes gens qui se hérissent de trop conquérantes moustaches: « Il est assez singulier que cette mode toute militaire devienne plus générale que jamais depuis qu'il n'y a plus de guerre à redouter et qu'on soit, tous les jours, dans le cas de prendre un garçon apothicaire ou un clerc d'avoué pour un capitaine de hussards ou de grenadiers ».

Bruxelles, le 15 juin 1815, 9 h. du matin, le bureau de Wellington, rue Royale: un cavalier descend de cheval, se présente à la sentinelle: « Un pli urgent pour Mylord Wellington ».

Une minute plus tard, le général anglais apprend que Bonaparte avance, sans rencontrer de résistance, sur le territoire belge.

Wellington lance des estafettes aux quatre coins de Bruxelles, il dicte des ordres, toute la matinée.

15 heures: le généralissime allié achève de déjeuner et il dépose son verre de cognac quand le comte de March lui annonce: « Les Prussiens attaqués à Charleroi battent en retraite vers Sombreffe ».

19 heures: Wellington distribue à ses officiers les ordres de marche de toutes ses divisions.

Son visage demeure impassible. Ses lèvres minces et dures ne s'ouvrent que pour donner des instructions précises, mais très brèves.

Des cavaliers quittent le quartier général de la rue Royale, les sabots de leurs chevaux résonnent sur les pavés, mais les bons bourgeois de Bruxelles ne s'inquiètent guère de tout ce va-et-vient et ils disent à leur épouse: « Encore un bel officier qui va au bal de la duchesse de Richmond ».

Le grand bal d'amour et de mort, le bal de Waterloo qui se déroule dans la vieille demeure louée par les Richmond au carrossier Simons, rue de la Blanchisserie...

La salle où l'on danse est tapissée d'un papier imitant un treillis orné de roses.

A 23 heures précises, Wellington fait son entrée et est accueilli par l'adorable Charlotte, fille aînée du quatrième duc de Gordon et épouse tendrement aimée de Charles de Richmond.

Les sept filles de la duchesse, pimpantes, tout de blanc vêtues, attendent leurs invités, au nombre de 222, dont 53 dames.

diverse verzoeken tijdens zijn reis aan hem gericht, dagtekende hij, vanuit Brussel, verschillende maatregelen die vroegere besluiten ongedaan maakten: schrapping van talrijke Belgische namen die voorkwamen op de lijst van uitgewekenen; opheffing van het sekwester op de goederen van talrijke afwezigen; teruggave aan de kerkfabrieken van de hun ontnomen goederen (7 Thermidor, jaar XI), bevel tot delging van de schulden van de Republiek in België en van de schulden der Belgische gemeenten (9 Thermidor, jaar XI). Hij legde eveneens de beginselen vast tot oprichting van een grote onderneming voor openbare werken: het kanaal Brussel-Charleroi. Tenslotte werden belangrijke bestellingen geplaatst bij de wagenmakerij Simons en bij de kantwerkmanufacturen.

Het keizerrijk wordt ten doop gehouden in 1804. Wat wordt inmiddels uit Brussel? De stad telt nu 80.000 inwoners, 282 straten, 16 markten en 19 pleinen.

Het koninklijk Park is reeds gevat, als een groene en geometrische smaragd, tussen de Bellevuestraat, de Hertogsstraat, de Wetstraat en de Koningsstraat.

Maar opgelet: de Wetstraat is een doodlopende straat, en wil men naar Sint-Goedele, dan moet men de weg nemen langs de Parkberg en de Kanselarijstraat. Het Koningsplein, beëindigd in 1785, ziet er uit als heden ten dage: een mooi klassiek, eerder Corneliaans gedicht, zonder passie, maar ook niet zonder grootsheid. De Regentiestraat bestaat niet. Wil men naar de Naamse Poort toe, die uitgeeft op een steenweg die naar het dorp Elsene voert, dan moet men de Koudenbergstraat, de huidige Naamse straat, nemen.

De stad wordt omringd door een sterk vervallen vestingmuur. Hij dagtekent uit de 14de eeuw, kraakt in zijn voegen, scheurt, stort op vele plaatsen in elkaar en in de vestinggrachten schuilen enorme palingen, kwakende kikkers en bronskleurige karpers.

De gewone zondagse promenade bestaat uit een wandeling langs de oude muren, afgezoomd met een brede, door welriekende linden overschaduwde weg.

Schaarbeek bezat slechts enkele boerderijen met lemen muren. De vijvers van Elsene waren bezet met drankgelegenheden en hutten. Etterbeek ziet er al even landelijk uit. Te Sint-Gillis leven vooral werklieden, ambachtslui en boeren, ietwat zoals in het Beersel van onze tijd. In de Zennevallei zijn de talrijke weverijen gevestigd die de rijkdom uitmaken van de familie Schavye. Een gevaarlijke hoek, werkelijke schuilplaats van schurken en vogelvrij-verklaarden, is het bos van Linthout, waarvan het huidige park van het Heilig-Hart nog een zeer vredig overblijfsel is.

Een prachtig woud nog, aan de poorten van Brussel: het Zoniënwoud, waar doorheen een slechte baan loopt die naar de Sint-Jansberg en het dorp Waterloo leidt.

Brussel heeft zijn geschiedenis, zijn geheimen, zijn luister. In een herenhuis aan de Koningsstraat leefde, in 1790, Marie-Louise de Rohan-Soubise, die het slachtoffer werd van de beruchte 'affaire du collier'.

Het oude paleis van Karel van Lorreinen is tot museum en bibliotheek geworden. Deze laatste telt 120.000 boekdelen.

Terwijl de 'ingezetenen' in de omgeving van het Koninklijk Park wonen, pavaneren de snobs 's zondagsmorgens, te voet, te paard of per koets langs de Groendreef die de loop volgt van het kanaal van Willebroek. Men telt er tot 1.000 wandelaars en 500 open koetsen, tonneau's en tilburys's. Bij de Munt kan men huurkoetsen krijgen tegen 1 frank per koets. Een reis Brussel-Parijs, per postkoets, duurt veertig uur.

De hoofdstad ziet er vrolijk uit, en in de volksbuurten worden de huisgevels groen, roze of geel geschilderd.

Een twaalftal goede hotels bieden hun gasten een volledig pensioen tegen 6 frank per dag. Het avonddiner kost, met inbegrip van de wijn, 3 frank. In de herbergen drinkt men Leuvens bier, koffie en punch.

Welke zijn nu de acteurs die in dit decorum evolueren?

Eer aan de dames: ze dragen nog de zwarte faille, erfstuk van de Spaanse overheersing. De kleren zijn hoog toegesneden, volgens de door het keizerrijk ingevoerde Romeinse mode.

's Winters kleden onze schonen zich in pelsen vesten en 's zomers dragen ze een vierkante halsuitsnit 'à l'effronté'.

Wat de mannen betreft, deze hebben afstand gedaan van de kleine laarzen evenals van de aanliggende broeken. Ze dragen thans de lange broek met voetriempje. Het habijt is versierd met brede opslagen en de hoge hoeden hebben de vorm van donderbussen, dus naar boven toe verbredend. De brede, zwartzijden, witte, of met bloempjes versierde das wordt plechtig om de hals geknoopt.

De kroniekschrijver van de 'Journal de Belgique', krant die zowat door

Assemblée tantôt trop contrainte, tantôt trop bruyante, car maints officiers supérieurs savent parfaitement que Napoléon n'est plus qu'à une cinquantaine de kilomètres à peine de Bruxelles.

Ils essaient de garder leur sang-froid, de sourire, de plaisanter même ou de s'étourdir au rythme des valses.

A 23 h. 30, on dîne par petites tables dans le parfum des fleurs et sous l'éclat des lustres.

Mais les invités jettent, de temps en temps, un regard vers Wellington qui converse avec le prince d'Orange.

Soudain, un valet glisse quelques mots à l'oreille de ce dernier. Il quitte la table, revient un instant plus tard et se penche vers Wellington pour lui dire à voix basse: « Les Français sont aux Quatre-Bras », et le général de déclarer à très haute voix aux officiers qui se sont approchés de lui: « Je n'ai pas de nouveaux ordres à vous donner, Messieurs ».

Mais en réalité, il adresse, en cachette, des instructions à ses généraux pour avancer de deux heures le mouvement des troupes. Personne ne s'est aperçu du discret manège de Wellington qui s'est contenté de griffonner ses ordres sur un morceau de papier.

D'ailleurs, dans le ravissant jardin de l'hôtel de Richmond, retentit soudain la marche des Gordon Highlanders qu'écoutent tant d'officiers qui tomberont, demain, la face contre terre, les bras en croix, dans les blés et les boues de Waterloo.

Et c'est, dans la salle qui se vide, la dernière valse, la toute dernière.

Après la terrible bataille de Waterloo que se passe-t-il à Bruxelles?

Ouvrez le journal bruxellois « L'oracle » du 24 juin 1815 et lisez: « On s'occupe, en ce moment, à enterrer les cadavres et des bûchers vont être élevés pour y consumer les corps qui pourraient occasionner l'infection dans les campagnes avoisinantes ».

Réquisitionnés sans aucun ménagement par les Prussiens, les paysans sont obligés aussi de creuser de vastes fosses et d'y enfouir pêle-mêle, soldats et chevaux en les recouvrant de chaux vive.

Mais le malheur des uns fait la fortune des autres. A Bruxelles, plusieurs loueurs de voitures organisent des visites du champ de bataille.

On part du Marché-aux-Tripes, devant l'église Saint-Nicolas. « L'excursion » coûte un napoléon, aller et retour tous frais compris. Une ravissante anglaise, miss Charlotte Waldie, parcourt ainsi Waterloo, le 15 juillet. Elle ramasse, là-bas, de sa main gantée de blanc, quelques lettres d'amour et un petit exemplaire de « Candide ». Mais elle manque à plusieurs reprises de s'évanouir, tant est fétide l'odeur qui s'élève encore de ces lieux maudits.

Monsieur Théo Fleischman, l'érudit historien, de décrire miss Waldie: « Elle parle avec De Coster, le guide Napoléon, qui, en ce même mois de juillet, fera des récits fantaisistes à Walter Scott.

« Elle est harcelée par les paysans qui vendent des armes, des croix de la Légion d'Honneur, des cuirasses. Traversant les champs bossués de tombes, elle va vers Hougoumont. Au seuil du bois, elle s'arrête, terrifiée: de la terre, une main émerge, crispée et décharnée ».

Pendant que miss Charlotte Waldie se remet péniblement de ses émotions, dans son hôtel bruxellois, les États-Généraux des Pays-Bas, réunis à La Haye, votent des félicitations aux troupes hollando-belges pour leur magnifique conduite aux Quatre-Bras.

Le domaine de Soestdijk est offert au prince d'Orange, héros de Waterloo, et on y érigera un monument pour commémorer la vaillance de ses soldats.

Un reporter de la « Gazette des Pays-Bas » s'extasie, lui, devant la générosité des bruxellois et il écrit, le 25 juin: « Tandis que les citoyens opulents transforment en hospices leurs vastes demeures, le simple paysan partage avec les guerriers qu'il a recueillis, son pain, son linge et ses vêtements.

« Tous prodiguent à l'envi leur bien, leur temps, leurs fatigues et l'indulgence même sait trouver du superflu pour celui qui souffre, tant la bienfaisance est ingénieuse et la charité active ».

Tandis que les jolies bruxelloises taillent de la charpie et s'affairent au chevet des blessés de toutes nationalités, le colonel sir George Wood compte, avec jubilation, les canons pris à Bonaparte. Il y en a 125 et 350 caissons environ. Les autres pièces sont été prestement enlevées par les Prussiens qui se feront beaucoup prier pour les restituer.

Le 25 juillet, les Alliés exposent, à Bruxelles, l'artillerie de l'Empereur et les curieux de se presser autour de ces grandes gueules de bronze enfin muettes.

Chacun de ces canons porte un nom: la Harpie, l'Impatiente, la Perfide, la Folle, la Gorgone, le Butor, et même... la Caustique.

Quant aux armes et aux objets d'équipement, les autorités ne savent comment les récupérer chez tous les pillards. Les administrations commu-

---

iedereen wordt gelezen, toont zich echter streng voor de jongelui met veroveraarsknevels: 'Het is eigenaardig te zien, hoe deze voor alles militaire mode steeds vaster voet vat sinds wij geen oorlog meer te vrezen hebben en hoe men, dagelijks weer, geneigd is een apothekershulpje of een procureursklerk te houden voor een kapitein van de huzaren of van de grenadiers'.

Brussel, 15 juni 1815 te 9 uur 's morgens. Het bureau van Wellington in de Koningsstraat: een ruiter stapt van zijn paard en biedt zich aan bij de schildwacht: 'Een dringend schrijven voor Mylord Wellington'. Een minuut later verneemt de Engelse generaal dat Bonaparte, zonder enige tegenstand op Belgisch grondgebied vooruitdringt. Wellington stuurt estafetten naar de vier hoeken van Brussel. De hele voormiddag lang dicteert hij zijn orders.

15 uur: de geallieerde oppergeneraal beëindigt zijn ontbijt en zet zijn glas cognac neer, wanneer graaf de March hem meedeelt: 'De te Charleroi aangevallen Pruisen trekken zich terug in de richting van Sombreffe'.

19 uur: Wellington geeft aan zijn officieren de marchorders voor alle legerafdelingen. Zijn gezicht blijft onbewogen. Zijn dunne, harde lippen opent hij slechts om orders te geven, korte, maar zeer precieze instructies. Ruiters verlaten het hoofdkwartier in de Koningsstraat. De hoeven van hun paarden hameren op de kasseien, maar de goede burgers vinden in dit komen en gaan niets verontrustends en zeggen tot hun vrouw: 'weerom een mooie officier die naar het bal van de hertogin van Richmond gaat'.

Het grote bal van liefde en dood, het bal van Waterloo, speelt zich af in de oude herenwoning die de Richmond van de rijtuigmaker Simons hebben afgehuurd en die gelegen is in de Blekerijstraat.

De zaal waarin gedanst wordt, is behangen met een papier dat een traliedraad, versierd met rozen, voorstelt.

Precies te 23 uur komt Wellington binnen en wordt begroet door de lieflijke Charlotte, oudste dochter van de vierde hertog van Gordon en echtgenote van Charles of Richmond.

De zeven dochters van de hertogin, keurig opgeschikt, geheel in het wit gekleed, wachten op de 222 genodigden, waaronder 53 dames. Samenkomst die nu eens gedwongen, dan weer te uitgelaten is, omdat menig hoger officier weet dat Napoleon nog slechts een vijftigtal kilometer van Brussel verwijderd is. Ze trachten hun koelbloedigheid te bewaren, te glimlachen, zelfs te schertsen, of te vergeten op het ritme van de walsen.

Te 23 u 30 wordt gedineerd aan kleine tafeltjes in een parfum van bloemen en onder de schittering der vele lusters.

Van tijd tot tijd werpen de genodigden een blik in de richting van Wellington, die in gesprek is gewikkeld met de prins van Oranje. Plots fluistert een lakei enkele woorden in het oor van deze laatste. Hij verlaat de tafel, komt enkele ogenblikken later terug en zegt met gedempte stem tot Wellington: de Fransen zijn te Quatre-Bras, waarop de generaal aan de om het tafeltje geschaarde officieren met luide stem meedeelt: 'Mijne Heren, ik heb geen nieuwe orders te geven'. Maar in werkelijkheid geeft hij, in het geheim, instructies aan zijn generaals om de voorziene troepenbewegingen twee uur vroeger uit te voeren.

Niemand heeft het discrete spel van Wellington doorzien, dat er in bestond, orders op stukjes papier neer te schrijven.

In de verrukkelijke tuin van het Richmondhotel weerklinkt overigens plotseling de mars van de Gordon Highlanders, naar dewelke heel wat officieren luisteren die morgen, het gelaat tegen de grond, de armen uitgebreid, zullen sneuvelen in de graanvelden en in het slijk van Waterloo.

In de zaal die nu leegloopt, speelt de laatste, de allerlaatste wals.

Wat gebeurt er te Brussel na de vreselijke slachting te Waterloo?

Sla het Brusselse dagblad 'L'Oracle' van 24 juni 1815 open, en u zal lezen: 'op dit ogenblik is men bezig de lijken te begraven en worden brandstapels opgericht waarop de lichamen zullen worden verbrandt teneinde epidemies in de onmiddellijke omgeving te voorkomen'.

Zonder veel complimenten door de Pruisen opgeroepen, worden de boeren verplicht grote putten te graven en er zowel paardenkrengen als soldatenlijken door elkaar in te werpen en met ongebluste kalk te overdekken.

Wat echter het ongeluk van ene is, maakt het geluk uit van de andere. Te Brussel organiseerden vele wagenverhuurders bezoeken aan het slagveld van Waterloo. Vertrekpunt was de Pensenmarkt, vlak voor de Sint-Niklaaskerk. De 'uitstap' kost 1 napoleon voor de heen- en terugreis, alle verdere onkosten inbegrepen. Een bekoorlijke Engelse, Miss Charlotte Waldie, brengt op 15 juli eveneens een bezoek aan Waterloo. Met haar wit-gehandschoende hand raapt ze er enkele liefdesbrieven, evenals een klein exemplaar van 'Candide' op. Maar verschillende malen dreigt ze ook onpasselijk te worden, zo sterk is de stank die boven het vervloekte slagveld hangt. Wij

nales décident finalement d'en offrir un bon prix: 3 francs pour un casque, 6 francs pour une cuirasse.

En 1815, après l'écroulement de l'Empire napoléonien, la Belgique et la Hollande forment, durant quinze ans, un royaume dont le souverain est Guillaume Ier d'Orange Nassau.

A Bruxelles, il y a vers 1825, quatre casernes et quatre loges maçonniques, trois cimetières et trois bibliothèques publiques, 1.200 réverbères et, 12.000 maisons. On achète des œuvres aux artistes qui peignent comme Rubens et aux sculpteurs qui taillent la pierre ou le marbre comme Michel-Ange.

Les salons et les salles à manger s'ornent de pâles répliques des génies de jadis.

Faute de découvrir, dans la production du temps, des toiles ou des statues de grande classe, les vrais amateurs d'art se tournent vers le passé.

Bruxelles est proprette. Elle possède des blanchisseries prospères et qui portent des noms pittoresques: « Les deux bouloires », « Le petit Jésus », « La digue », « La belle Blanchette », « Le drap parfait ».

Et les rues? Il y a celle des Trois Cocus et celle de La Belle Futée, celle de la Perle d'Amour et celle du Jardin Rompu.

La rue de la Loi, s'appelait, alors, la rue de Brabant.

Très bruyant, l'estaminet pour cochers « Le Lion rouge » se situe un peu au-delà de la Porte de Schaerbeek, en pleine campagne.

Au coin de la rue Royale, un établissement chic « L'auberge du Prince de Galles », où les snobs de la ville boivent du punch et pincent leur anglais, car c'est la mode.

L'hôtel Wellington, ce qu'il y a de plus huppé, se situe au numéro 33 de l'actuelle rue Ducale. N'y descendent que les gens « très bien ». Lord Byron y fera un tas d'histoires parce qu'il voudra, pour écrire, une bougie fichée dans un crâne de mort et que, franchement, Mylord, on ne possède pas ce genre de luminaire dans un hôtel comme le Wellington.

En mai, se tient, place des Barricades, la foire aux chevaux: paysans en sarraus bleus, énormes juments brabançonnes, fiers étalons que l'on fait trotter et dont on apprécie la musculature.

L'actuel musée de la Porte de Hal sert de prison et, au milieu de la future place Louise, se dresse une tour en ruine.

Sur l'emplacement du théâtre Molière d'aujourd'hui, une guinguette peinte en vert et blanc. Son enseigne grince par temps d'orage. On y lit: « Au petit lattis ».

Carlo Bronne, connaissant mieux que quiconque notre capitale en ce temps-là, nous raconte que la vie y était simple, plantureuse et facile. Dans les maisons, le linge était si abondant qu'on ne faisait la lessive que deux fois l'an. On y conviait les parents et les amis dont l'ardeur égalait l'appétit; ce n'était plus une corvée, c'était une solennité ménagère.

Les cris des marchands, la trompette du boulanger annonçant son pain chaud égayaient les rues. La livre de viande coûtait cinquante centimes, la livre de beurre six sous, un couple de volaille 2 francs, les œufs un franc vingt la douzaine. On dînait si bien chez soi qu'il ne serait venu à personne l'idée d'aller dîner dehors; les restaurants étaient inconnus.

Bruxelles ne compte qu'un bureau de poste, une dizaine de boîtes aux lettres et autant de facteurs.

Le premier réverbère au gaz est allumé, en 1818, sur le rempart des Minimes.

Si vous désirez vous rendre à Lille, à Cologne ou à Hambourg, vous prenez la diligence, rue de la Madeleine.

S'habiller, c'est construire un monument: on s'engonce dans des redingotes aux basques immenses, on fixe son col au moyen de tout un jeu de boutons et on couronne l'édifice d'un chapeau en forme de tromblon d'une altitude et d'un périmètre également considérables. Les coquettes n'hésitent pas à ressembler à des pyramides et dissimulant leurs charmes sous un manteau à trois étages de pèlerines: le carrick.

Dans les maisons des notables, deux ornements indispensables: les meubles en acajou et les colonnes en plâtre ou en marbre, selon les fonds dont on dispose.

Peu de fantaisie: on se promène à l'Allée Verte, on se rend aux courses de chevaux et si on est vraiment dans le vent, on circule en draisienne, ce vélo sans pédales qui exige de longues jambes et, dans les descentes, une certaine virtuosité.

Le roi Guillaume Ier est un bourreau de travail.

Il imprime à la Belgique et à Bruxelles un essor qui ira grandissant. N'établit-il pas, dans la capitale, la banque de la Société Générale dont il est le courageux et lucide fondateur? Pour son fils, le prince d'Orange, le roi fait bâtir à Bruxelles une belle résidence qui deviendra le Palais des

laten hier enkele regels volgen uit het verhaal van Miss Waldies Waterloose belevenissen, zoals deze zijn beschreven door de historicus Théo Fleischman: 'Ze spreekt er met De Coster, de Napoleongids die, in dezelfde maand juli, een reeks fantaisistische verhalen vertelt aan Walter Scott. Ze wordt bestookt door boeren die wapens, Erelegioenkruisen, en harnassen verkopen. Door het met grafheuvels bezaaide land gaat ze naar Hougoumont. Aan de rand van het bos blijft ze geterroriseerd staan: uit de aarde steekt een krampachtig vertrokken, ontvleesde hand op'.

Terwijl Miss Waldie in haar Brussels hotel langzaam bekomt van haar emoties, besluiten de te Den Haag verzamelde Staten Generaal van de Nederlanden de Hollands-Belgische troepen geluk te wensen voor hun moedig gedrag bij Quatre-Bras.

Het domein Soestdijk wordt geschonken aan de Prins van Oranje, held van Waterloo, en men richt er een monument op ter herdenking van de moed zijner soldaten.

Een verslaggever van de 'Gazette des Pays-Bas' verrukt over de generositeit de Brusselaars, schrijft in zijn blad van 25 juni: 'Terwijl de rijke burgers hun grote woningen omvormen in hospitalen, deelt de simpele boer zijn brood, zijn linnen en zijn kleren met de soldaten die hij heeft opgenomen. Iedereen springt kwistig om met zijn goederen en zijn tijd. Vermoeidheid kent niemand en de inschikkelijkheid zelf weet overbodige dingen te vinden voor hen die lijden. Zo ingenieus is de mensievendheid en zo actief de liefdadigheid.'

Terwijl mooie Brusselse meisjes pluksel maken en zich bezig houden aan het ziekbed van gewonden van alle nationaliteiten, telt kolonel Sir George Wood jubilerend het aantal op Bonaparte veroverde kanonnen. Het zijn er 125 en ongeveer 350 ammunitiewagens. De andere stukken werden haastig weggehaald door de Pruisen die ze later, met heel veel tegenzin, moesten teruggeven.

Op 25 juli, stellen de geallieerden, te Brussel, de keizerlijke artillerie ten toon en verdringen zich de nieuwsgierigen rond de grote bronzen, eindelijk stomme muilen.

Elk dezer kanonnen draagt een naam: 'la Harpie', 'l'Impatiente', 'la Perfide', 'la Folle', 'la Gorgone', 'le Butor', en zelfs… 'la Caustique'.

Voor wat de wapens en het uitrustingstuig betreft, weten de autoriteiten geen raad, hoe alles uit handen van de vele plunderaars te halen.

De gemeentelijke administratis nemen dan ook het besluit er een goede prijs voor te bieden: 3 frank voor een helm, 6 frank voor een pantservest.

Vanaf 1815, na het ineenstorten van het Napoleontische keizerrijk, vormen België en Holland, gedurende vijftien jaar, één koninkrijk, met Willem I van Oranje Nassau als staatshoofd.

Brussel bezit rond 1825 vier kazernes en vier vrijmetselaarsloges, drie begraafplaatsen en drie openbare bibliotheken, 1.200 straatlantaarns, 12.000 huizen.

Men koopt werken van kunstenaars die schilderen in de trant van Rubens en van beeldhouwers die steen of marmer bewerken in de trant van Michelangelo. De salons en eetkamers zijn versierd met kleurloze replieken van oude meesters. Bij gebrek aan werkelijk waardevolle eigentijdse werken, gaan de echte kunstliefhebbers te rade bij het verleden.

Brussel is zindelijk. De stad bezit bloeiende wasserijen en deze dragen vaak pittoreske namen: 'Les deux bouloires', 'Le petit Jésus', 'La digue', 'La belle Blanchette', 'Le drap parfait' enz.

Zeer rumoerig ging het er toe in de herberg voor koetsiers 'De Rode Leeuw', in volle veld en ietwat buiten de Schaarbeekse Poort gelegen.

Op de hoek van de Koningsstraat, een keurig etablissement: 'L'Auberge du Prince de Galles', waar de snobs punch komen drinken en hun Engels ten beste geven. Het is immers de mode.

Het Hotel Wellington, zowat het neusje van de zalm, is gelegen op nummer 33 van de huidige Hertogsstraat. Slechts zeer welstellende lui komen er logeren. Lord Byron maakt er heel wat kabaal omdat hij, om te kunnen schrijven, een kaars wil die op een doodshoofd is gestoken: 'Helaas Mylord, bezit zelfs een instelling als de Wellington een dergelijk lichtgevend ding niet.'

In de maand mei, wordt op het Barricadenplein de paardenmarkt gehouden: boeren in blauwe kiel, zware Brabantse merries, fiere hengsten die men doet lopen en waarvan de musculatuur wordt bewonderd.

Het huidige museum van de Hallepoort dient als gevangenis en, te midden van het Louisaplein, rijst een toren op die stilaan in puin valt.

Waar thans het Molièretheater staat, stond toen een groen en wit geverfd herbergje, waarvan het uithangbord bij wind en ontij ging knarsen. Men leest er op 'Au petit lattis'.

Carlo Bronne, die onze toenmalige hoofdstad beter dan wie ook kent, vertelt dat het leven er eenvoudig, goed en gemakkelijk was. Elke huis-

Académies. Enfin, Guillaume Ier développe la prospérité bruxelloise en ordonnant le creusement du canal qui relie la capitale à Charleroi.

Malgré les bienfaits que prodigue Guillaume Ier aux Belges et à leur capitale, lentement les choses se gâtent entre le souverain et ses sujets du sud. Ceux ci reprochent au roi de nommer plus de Hollandais que de Belges aux emplois publics et dans l'armée. Le caractère autoritaire de Guillaume Ier le pousse ainsi à commettre maintes erreurs de psychologie politique. Les relations de Bruxelles avec La Haye tournent à l'aigre.

En septembre 1830, la capitale se soulève: barricades, coups de feu, l'émeute fait rage et c'est la révolution.

Des charettes descendent les éclopés vers la Grand-Place et elles croisent de longues théories de gosses et de jeunes filles ployant sous le poids des sacs de poudre et des caisses de munitions destinés aux combattants de la place Royale.

De goguenarde qu'elle avait été dans le peuple et de raisonneuse qu'elle s'était révélée dans les milieux intellectuels, l'opposition au régime hollandais a pris désormais l'allure d'une véritable épopée romantique.

Rien n'y manque, ni les barricades, ni les généraux-condottieri, ni les avocats devenus ministres d'un gouvernement provisoire, ni les prêtres penchés sur les mourants.

Dans ce décor de grands drapeaux, de grands sabres, de grandes chevelures et de grands sentiments, essayons de dégager l'identité des combattants.

Pour nous en rendre compte, visitons les hôpitaux bruxellois où sont soignés les blessés et dénombrons dans les registres d'admission: 219 ouvriers, 238 artisans, 23 domestiques, 16 pompiers, 33 petits commerçants, 3 cultivateurs, 17 employés, 33 anciens militaires, 8 chefs d'entreprise, 179 journaliers agricoles.

La journée du 26 septembre 1830 fut décisive, puisque, au matin, on apprit que la Commission administrative s'était changée en gouvernement provisoire et que le premier décret de celui-ci proclamait la séparation définitive de la Belgique et de la Hollande.

Mais si cette décision était un insolent défi à l'Europe de Metternich et du Tsar, elle galvanisa les énergies des patriotes.

Pendant tout le jour, ils multiplieront les attaques contre le Parc et on les verra s'y précipiter, la baïonnette au canon ou la pique au poing, pendant que l'artillerie de Mellinet creusera de sanglants sillons dans les colonnes hollandaises qui tenteront, en vain, de forcer le passage de la place Royale.

Le soir, on dénombra beaucoup de morts, aussi Jean Van Halen et Charles Rogier décidèrent-ils d'en finir, dès le 27, en délogeant définitivement les soldats de Guillaume Ier de leurs positions.

Il aurait suffi de les y encercler pendant quatre jours encore pour obtenir leur reddition, car ils auraient été à court de vivres. Mais on voulait une victoire éclatante et immédiate.

Aussi la nuit se passa-t-elle en préparatifs guerriers, mais lorsque l'assaut fut donné au parc, à 5 heures du matin, on s'aperçut qu'il était vide!

Les troupes l'avaient évacué, dans l'obscurité, en silence.

Pendant que leurs volontaires fêtaient ce succès en vidant force chopes de faro, Charles Rogier et ses collaborateurs dressaient un premier bilan de ces tragiques journées de septembre: 1.300 blessés, 500 morts, 122 prisonniers du côté belge.

Le gouvernement provisoire décide de confier à un Congrès National l'élaboration d'une Constitution qui sera libérale et monarchique.

Bruxelles, le 10 novembre 1830: les députés se rendent au Palais des États généraux, l'actuel Parlement de la rue de la Loi.

Musiques militaires, roulements de tambours, cloches de Sainte-Gudule composent un concert puissant.

A la tribune présidentielle, monte le doyen d'âge de l'Assemblée, le vieux Jean-François Gendebien. Il déclare: « Le Congrès National s'installe au nom du peuple belge ».

Derrière le président, une fresque dont la couleur n'est pas encore sèche: le lion belge brandissant un vaste drapeau tricolore.

Dans les tribunes publiques, un Anglais intelligent observe tout, et Sir White note: « La cérémonie fut simple et sans prétention, mais cependant solennelle et imposante. L'hémicycle classique réservé aux députés était rempli d'hommes qui, bien que ne connaissant pas les usages et les traditions des assemblées délibérantes et quoique choisis parmi les patriotes les plus ardents, apportaient au Congrès un sens exact de leur pouvoir et de leur mission. A l'exception de deux ou trois individus qui se complaisaient dans l'extravagance, la modération et la mesure de l'ensemble eussent pu être citées en exemple au Parlement le plus ancien.

«La salle claire, bien aérée, symétriquement disposée, sa coupole élevée, ses colonnes gracieuses, sas galeries commodes, son mobilier simple et

houding bezat zoveel linnen, dat slechts tweemaal per jaar de grote was gedaan werd. Familie en kennissen, waarvan de ijver de eetlust egaleerde, werden uitgenodigd. Het was dan ook geen korvee meer maar een huishoudelijke plechtigheid.

De roep van de koopluy, de trompet van de bakker, vrolijkten het straatleven op. Een pond vlees kostte vijftig centiem; een pond boter, zes stuivers, een koppel duiven, twee frank; een dozijn eieren, een frank twintig. Men at thuis zo goed, dat niemand op de idee kwam buiten te gaan eten. Spijshuizen waren dan ook onbekend.

Brussel bezit slechts een postbureel, een tiental postbussen en evenveel briefdragers.

In 1818 wordt, op de Minderbroedersvest, de eerste gaslantaarn aangestoken. Wenst men naar Rijsel, Keulen of Hamburg te gaan, dan kon men in de Magdalenastraat de postkoets nemen.

Zich kleden, betekende zoveel als een monument opbouwen: men stak zich in lange geklede jassen met enorme slippen, hechte zijn kraag vast met een heel stel knopen en bekroonde het hele bouwsel met een hoge, naar boven verbredende hoed, die zowel qua hoogte als in omtrek respectabele afmetingen had. Behaagzieke dames hebben veel weg van een piramide, de charmes verstoken onder een mantel met driedubbele schoudermantel: de carrick.

Twee onontbeerlijke elementen in de huizen der notabelen: de mahoniehouten meubelen en de plaasteren of marmeren kolommen, al naar de middelen waarover men beschikt.

Voor het overige, weinig fantasie: men maakt een wandeling langs de Groendreef, gaat de paardenkoersen zien of, ietwat extravaganter, rijdt rond op een 'draisienne', een soort fiets zonder pedalen, waarvoor men wel over lange benen en, in de helling, over een zekere virtuositeit moet beschikken.

Koning Willem I is een werkbeul. Onder zijn beleid nemen België en Brussel een ongekende vlucht. In de hoofdstad sticht hij de Generale Bankmaatschappij. Voor zijn zoon, de prins van Oranje, laat hij een mooie residentie bouwen die, later, het Paleis der Academiën zal worden. Tenslotte stimuleert hij de voorspoed van Brussel door het voltooien van het kanaal Brussel-Charleroi.

Maar, al deze weldaden ten spijt, gaat het niet best tussen de koning en zijn zuidelijke onderdanen. Deze verwijten hem meer Hollanders dan Belgen in de administratie en in het leger te benoemen. Willems autoritair karakter verleidt hem ook tot menige psychologische flater op politiek gebied. De betrekkingen tussen Brussel en Den Haag worden hoe langer hoe slechter.

In september 1830 komt de hoofdstad in opstand: barrikaden, vuurschoten, rebellie zijn aan de orde van de dag. De revolutie is werkelijkheid geworden.

Met karreladingen zakken de opstandelingen af naar de Grote Markt en kruisen lange slierten jongens en meisjes, gebukt gaand onder het gewicht van zakken poeder en kisten munitie, bestemd voor de verdedigers van het Koningsplein.

Zich oorspronkelijk bepalend tot spot bij het gewone volk en tot beredeneerde gesprekken bij de intellectuelen, groeide het verzet tegen het Hollandse regime al spoedig uit tot een werkelijk romantisch epos.

Niets ontbreekt er aan: noch de barrikaden, noch de generaals-condottieri, noch de advokaten die minister worden van een voorlopige regering, noch de over stervenden gebogen priesters.

Laat ons nu trachten, in dit decorum van grote vlaggen, grote sabels en grote gevoelens, de identiteit vast te stellen van de strijders.

Wij bezoeken hiertoe de Brusselse hospitalen waar de gewonden verzorgd worden en tellen in de inschrijvingsregisters: 219 arbeiders, 238 ambachtslui, 23 dienstboden, 16 brandweerlui, 33 kleine handelaars, 3 pachters, 17 bedienden, 33 oud-militairen, 8 ondernemingschefs, 179 landbouwersdagloners.

De dag van 26 september 1830 was beslissend, vermits 's morgens vernomen werd dat de Administratieve Commissie was omgedoopt in Voorlopig Bewind en dat het eerste decreet van deze instelling de definitieve scheiding van Holland en België tot voorwerp had.

Waar deze beslissing een brutale uitdaging betekende ten overstaan van het Europa van Metternich en van de Tzar, was ze anderzijds een ruggesteun voor de patriotten. Bij dag verdubbelden deze hun aanvallen op het Park. Ze chargeerden met de bajonnet op het geweer of de piek in de vuist, terwijl de artillerie van Mellinet bloedige voren trok in de Hollandse rangen die vruchteloos trachtten de doorgang tot het Koningsplein te forceren.

Aangezien men bij valavond reeds talrijke doden telde, besloten Juan

pratique, ses rangées de pupitres garnis de tout ce qu'il faut pour écrire, n'étaient pas moins dignes de remarque que l'attitude réservée de la grande majorité des députés ».

Le 21 juillet 1831, le premier Roi des Belges, Léopold de Saxe-Cobourg fait à Bruxelles sa joyeuse entrée.

La ville entière exhale de fortes odeurs de fleurs, de bière, de friture, de grillades, de soupe aux choux, d'encens d'église et les échos que se renvoient les fanfares en pleine action créent une sensationnelle cacophonie de flonflons entrecoupés par les salves d'artillerie.

A la porte d'Anvers, le bourgmestre de la ville, Louis Rouppe, trop serré dans son col, est pourpre, puis violacé quand il tend à Léopold les clés de la ville.

Il s'entend répondre par le Roi: « Ces clés ne pourraient être mieux conservées qu'entre vos mains, Monsieur, gardez-les donc... ».

Rouppe bafouille, se courbe, se redresse, sourit, pleure d'émotion.

Et le roi pénètre dans sa capitale sous une mer d'acclamations, de vivats, de banderoles, de feuillages, de branches de sapin, de petits bouquets qui tombent autour de lui et que lancent de très jolies mains de bruxelloises un peu potelées, des brunettes et des blondes, des filles aux yeux d'Espagnoles et d'autres plus nordiques et beaucoup natives de ce Brabant où l'on fait des Ëves rebondies et superbes.

Place Royale, devant l'église Saint-Jacques-sur-Coudenberg: les bannières des neuf provinces: lions rouges, lions noirs et, sous de vastes tentures dorées, le trône du souverain.

Léopold descend de cheval, serre la main au régent Surlet de Chockier et au président du Congrès, de Gerlache.

Ces deux hommes lisent des discours, Vilain XIIII résume en quelques phrases la Constitution et Jean-Baptiste Nothomb, s'approchant du roi, assis entre Surlet de Chockier et de Gerlache, remet au souverain le texte du serment: « Je jure d'observer la Constitution et les lois du peuple belge. Ainsi m'aide Dieu ».

D'une voix très ferme, presque dure, Léopold, la main levée, répéta ces paroles.

La foule criait, hurlait: « Vive le roi: » et on entendit à peine de Gerlache qui, tourné vers le souverain, lui disait: « Sire, montez au trône ».

Il en gravit les marches d'un pas lent, avec infiniment de simplicité et d'élégance.

Il portait l'uniforme sombre de lieutenant-général de l'armée.

Au milieu de la place Royale où ne caracolait pas encore Godefroid de Bouillon, des moineaux pépiaient dans le feuillage d'un petit arbre de la Liberté qu'on avait planté là, après la bataille du Parc, en 1830.

Au cours du XIXᵉ siècle, Bruxelles, en raison de sa situation en Europe et du libéralisme de ses citoyens, sera une ville très accueillante aux proscrits politiques. Victor Hugo habita à la Grand-Place et à la place des Barricades. Le 27 mai 1871, un charivari fut organisé devant cette demeure et, quelques jours plus tard, un arrêté d'expulsion sera pris contre le poète.

Victor Hugo écrivit aux cinq députés qui avaient désavoué cet ostracisme, une lettre généreuse qui se termine ainsi: « Peut-être est-il bon qu'il y ait toujours un peu d'exil dans ma vie. Du reste je persiste à ne pas confondre le Peuple Belge avec le Gouvernement Belge, et, honoré d'une longue hospitalité en Belgique, je pardonne au Gouvernement et je remercie le Peuple. »

En même temps que Victor Hugo, vivait en exil à Bruxelles, le Général De Lamorcière, ancien ministre de la guerre dans un gouvernement Thiers. Ayant refusé de prêter serment à la Constitution de 1851, il s'était réfugié à Bruxelles où il vécut rue du Champ de Mars, 57, et Place des Palais, Nᵒ 1. On sait que plus tard il commanda l'armée pontificale.

Karl Marx, ayant inquiété le Gouvernement français par son journal « Vorwärts », publié à Paris, fut forcé de quitter la France; il arriva à Bruxelles le 9 février 1845 et descendit à l'Hôtel de Saxe. Il habita successivement rue d'Orléans, 42; Place du Petit Sablon, 24; rue du Bois Sauvage, 7; rue de l'Alliance, 5; Plaine Sainte-Gudule, 21; Hôtel du Bois Sauvage etc. Il signa en février 1845, la requête suivante adressée au Roi des Belges:

« Sire,

«Le soussigné Charles Marx, docteur en philosophie, âgé de 26 ans, de Trèves, royaume de Prusse, étant intentionné de se fixer avec sa femme dans les états de Votre Majesté, prend la respectueuse liberté de vous supplier de vouloir bien lui accorder l'autorisation d'établir son domicile en Belgique. Il a l'honneur d'être, avec le plus profond respect, de Votre Majesté, le très humble et très obéissant serviteur. »

Dr Charles Marx

van Halen en Karel Rogier er de volgende dag gedaan mee te maken en de soldaten van Willem I definitief uit hun stellingen te verdrijven.

Het was voldoende geweest ze gedurende een viertal dagen in te sluiten om ze aldus, bij gebrek aan voedsel, tot overgave te dwingen. Men wenste echter een schitterende en onmiddellijke overwinning.

Tijdens de nacht werden de nodige krijgsvoorbereidingen getroffen, maar toen het bevel tot de aanval op het Park werd gegeven – dit is te 5 uur 's morgens – stelde men vast dat de vijand verdwenen was.

Gebruik makend van de duisternis hadden de Hollandse troepen in alle stilte het park ontruimd.

Terwijl de vrijwilligers dit succes vierden bij pot en pint, stelden Karel Rogier en zijn medewerkers een eerste balans op van deze tragische septemberdagen: 500 doden, 1.300 gewonden, 122 Belgen waren krijgsgevangen genomen.

Eens de troebelen voorbij, besluit het Voorlopig Bewind aan het Nationaal Congres opdracht te geven tot het uitwerken van een grondwet. Deze zal én liberaal, én monarchistisch zijn.

Brussel, 10 november 1830: de afgevaardigden begeven zich naar het Paleis van de Staten Generaal, het huidige Parlement in de Wetstraat.

Militaire muziek, tromgeroffel, de klokken van Sint-Goedele vormen een groot concert.

Op de tribune: de ouderdomsdeken van de vergadering, de oude J. Fr. Gendebien, die verklaart: 'Het Nationaal Congres wordt geïnstalleerd uit naam van het Belgische Volk'. Achter de president ziet men een fresco waarvan de kleuren nog nat zijn: de Belgische leeuw zwaaiend met een grote driekleurige vlag.

De intelligente Engelse waarnemer, Sir White, die op de publieke tribune heeft plaats genomen, noteert: 'De ceremonie was eenvoudig en zonder aanstellerij, maar niettemin plechtig en indrukwekkend. Het klassieke halfrond, voorbehouden aan de volksvertegenwoordigers was gevuld met mensen die, hoewel niet vertrouwd met de gebruiken en gewoonten van beraadslagende vergaderingen en hoewel gekozen uit de meest vurige patriotten, toch een precies begrip bleken te hebben van hun macht en hun missie. Met uitzondering van een drietal personen die nogal buitensporig deden, kunnen de heersende gematigdheid en de algemene stemming geciteerd worden als een voorbeeld voor om het even welk ander parlement.

'De heldere, goed verluchte en symetrisch uitgebouwde zaal, haar hoge koepel de sierlijke zuilen, de comfortabele galerijen, het eenvoudige en practische mobilier, de rijen lessenaars, voorzien van al wat nodig is om te schrijven, verdienen evenzeer vermeld te worden als de gereserveerde houding van het merendeel der volksvertegenwoordigers.'.

Op 21 juli 1831, doet de eerste koning der Belgen, Leopold van Saksen-Koburg, zijn plechtige intrede te Brussel.

De ganse stad ruikt naar bloemen, bier en frituur, naar geroosterd vlees, koolsoep en wierook, en de samenvallende echo's van de muziekcorpsen in volle actie scheppen een ongelooflijke cacofonie, nu en dan overstemd door artilleriesalvo's. Aan de Antwerpse Poort overhandigt de burgemeester van de stad, Louis Rouppe, de sleutels van de stad aan de koning.

Deze repliceert: 'Deze sleutels kunnen niet beter bewaard zijn dan in uwe handen, bewaar ze dus verder...'.

Rouppe stamelt, buigt, richt zich weer op, glimlacht, weent van ontroering. De koning betreedt de stad onder een zee van toejuichingen, juichkreten, wimpels, loof, dennetakken, kleine ruikers geworpen door mooie handen van mollige Brusselse meisjes, zowel bruin- als blondharige meisjes met Spaanse ogen en andere met een meer uitgesproken noords type, en vele geboortig uit het Brabant waar men goedgevulde prachtige Eva's maakt.

Op het Koningsplein, voor Sint-Jacob-op-Koudenberg, wapperen de vaandels der negen provincies: rode leeuwen en zwarte leeuwen, en staat, onder een groot verguld baldakijn, de troon van de koning.

Leopold stijgt van zijn paard, drukt de hand van de regent, Surlet de Chockier en van de president van het Congres, de Gerlache.

Beide mannen steken een speach af, Vilain XIIII resumeert de grondwet in enkele zinnen en Jean-Baptiste Nothomb, zich tot de koning wendend die tussen Surlet de Chockier en de Gerlache is gezeten, overhandigt de vorst de tekst van de eed: 'Ik zweer de grondwet en de wetten van het Belgische volk te zullen naleven. Zo helpe mij God'.

Met vaste, bijna harde stem, de hand opgeheven, herhaalt de koning deze woorden. De menigte roept, huilt: 'Leve de Koning' en men hoort slechts met moeite hoe de Gerlache tot de koning zegt: 'Sire, bestijg de troon'.

De koning bestijgt langzaam de trappen, eenvoudig, elegant. Hij draagt de donkere uniform van luitenant-generaal van het leger.

Tout en se voulant ouverte aux exilés politiques, Bruxelles se développe et de 1865 à 1909, elle portera la marque de ce prodigieux bâtisseur qu'est Léopold II.

Voyez-le quitter son palais de Laeken, bien assis dans son auto. Il a demandé au chauffeur de rouler lentement. Il veut visiter son Bruxelles, comme s'il était un touriste étranger.

Et la haute voiture noire aux roues jaunes canari, aux gros phares de cuivre, parcourt la capitale telle que le roi l'a bâtie et embellie. Il contemple son œuvre, au passage: la Grand-Poste, la Bourse, le Palais de Justice, le Musée des Beaux-Arts, rue de la Régence, et il arrive devant les casernes d'Etterbeek pour enfiler ensuite l'avenue de Tervueren qui le mène au Musée Colonial. Au retour, le roi aura un regard satisfait devant la Tour Japonaise.

Bruxelles en ce temps-là? La ville comptait 400.000 citoyens et deux fois par semaine le jeune berger Jef Knoll conduisait ses six chèvres à travers la rue Neuve pour fournir du lait « tout frais, madammeke », aux commerçants et aux bourgeois du quartier.

A Schaerbeek, l'Église Saint-Servais, point encore détruite, merveille du XIIIe siècle, était devenue une académie de peinture et le soir, des rapins velus y dessinaient, l'œil mi-clos, de superbes filles qui, après la séance de pose, se rhabillaient en hâte dans l'ex-sacristie, pour aller manger un hareng et boire deux verres de gueuze à 30 centimes avec leurs admirateurs.

Le dimanche, les familles vraiment sportives partaient à Boitsfort y admirer le nouveau champ de courses et manger des tartines au fromage blanc, ainsi que des anguilles au vert pêchées dans l'étang ou se reflétaient les guinguettes fleuries, les canotiers des messieurs et, entre de larges nénuphars, les joues rebondies des petits garçons guettant un têtard ou une épinoche.

D'autres audacieux, poussaient jusqu'au Bois de la Cambre par l'avenue Louise. Mais dès la rue Gachard, il n'y avait plus de maisons: rien que des prés, des boqueteaux de noisetiers, des petits sentiers coquins où roucoulaient de tendres amoureux.

Une attraction: les élèves de l'École Militaire à l'exercice devant l'abbaye de la Cambre où ils étaient casernés dans des bâtiments si humides que les futurs officiers souffraient de rhumes presque permanents.

Comment les bruxellois se déplaçaient-ils durant les années 1880-1890? Ils se contentaient en toute saison, des fiacres, ces guimbardes plutôt minables tirées par des canassons si efflanqués qu'on aurait pu jouer du xylophone sur leurs côtes.

La voiture grinçait, craquait, tanguait et vous conduisait dans l'« intérieur de la ville y compris les faubourgs » pour la somme globale de 1 franc, complétée d'un pourboire de 25 centimes au maximum.

Pour 2 francs, vous pouviez gagner, à bord de votre fiacre, le Bois de la Cambre, aller et retour.

Mais attention: si vous embarquiez votre valise, il vous en coûtait 10 centimes de supplément.

Et les tramways? Dix centimes le trajet. Le terminus était situé au boulevard Anspach, non loin de la Bourse. Les lignes tournaient par les boulevards autour du centre de la ville et d'autres voies rayonnaient vers Schaerbeek, Etterbeek, Saint-Gilles, Anderlecht.

On ne disait pas « prendre le tram », mais « prendre l'Américain ».

Les snobs faisaient leurs achats dans les jolies boutiques de la Montagne de la Cour et des Galeries Saint-Hubert.

A la place Rogier, qui s'appelait alors place des Nations, « Le Bon Marché » n'offrait encore que deux vitrines à la curiosité des badauds, mais dames et demoiselles se pressaient déjà entre les rayons bien garnis des « Grands Magasins de la Bourse ».

En plein centre: un curieux contraste entre la Galerie du Commerce, déplorablement connue pour l'insolence de ses cocottes, et le « Passage du Nord », où se réfugiait l'innocence des moutards qui trouvaient là trois attractions de choix: un musée de cire, un montreur de singes savants et un théâtre de marionnettes où, chaque après-midi, le preux Roland étripait une douzaine de Sarrasins basanés, entre des rochers de carton pâte.

Les jours ensoleillés, les enfants jouaient dans le Parc de Bruxelles.

Parmi eux, combien seront volontaires de guerre en 1914, lors de l'invasion de la Belgique?

Durant quatre ans, Bruxelles sera une ville occupée et on y admirera - les Allemands eux-mêmes y rendront hommage - le courage du Cardinal Mercier dans ses messages au pays et la résistance du bourgmestre Adolphe Max.

En 1918, le roi Albert Ier et la reine Élisabeth font, à Bruxelles, une triomphale rentrée.

Durant l'entre-deux guerres la ville retrouve et son rythme intense

Te midden van het Koningsplein – Godfried van Bouillon stond er nog niet – tjilpen de mussen in het lover van een kleine vrijheidsboom, daar geplant in 1830, na de gevechten in het Park.

In de loop van de 19de eeuw, wordt Brussel, dank zij zijn ligging in Europa en de vrijzinnige geest van zijn burgers, een aantrekkingspool voor politieke bannelingen.

Victor Hugo woonde op de Grote Markt en op het Barrikadeplein. Op 27 mei 1871 kwam het tot hevige twisten voor deze laatste woning, met als gevolg dat, enkele dagen later, een uitwijzingsbevel werd overhandigd aan de dichter. Aan de vijf volksvertegenwoordigers die tegen deze maatregel hadden geprotesteerd, schreef Victor Hugo een grootmoedige brief die als volgt eindigt: 'Peut-être est-il bon qu'il y ait toujours un peu d'exil dans ma vie. Du reste je persiste à ne pas confondre le Peuple Belge avec le Gouvernement Belge, et honoré d'une longue hospitalité en Belgique, e pardonne au Gouvernement et je remercie le Peuple'.

Gelijktijdig met Victor Hugo, verbleef eveneens als banneling te Brussel, generaal De Lamorçière, voormalig minister van oorlog in het cabinet Thiers. Na zijn weigering de eed af te leggen op de grondwet van 1851, vluchtte hij naar Brussel waar hij woonde op Nr 57 van de Marsveldstraat en op Nr 1 van het Paleizenplein. Later zou hij commandant worden van de pauselijke legers. Karl Marx die, met zijn te Parijs uitgegeven blad 'Vorwärts', de Franse regering verontrust had, werd gedwongen Parijs te verlaten. Hij arriveerde te Brussel op 9 februari 1845 en nam zijn intrek in het hotel de Saxe. Hij woonde achtereenvolgens op Nr 42 van de Orleansstraat op Nr 24 van het Kleine-Zavelplein, op Nr 7 van de Wilde-Bosstraat, op Nr 5 van de Bondgenotenstraat, op Nr 21 van het Sint-Goedeleplein enz. In februari 1845 richtte hij het volgende verzoek tot de koning:
'Sire,
'Le soussigné Charles Marx, docteur en philosophie, âgé de 26 ans, de Trèves, royaume de Prusse, étant intentionné de se fixer avec sa femme dans les états de Votre Majesté, prend la respectueuse liberté de vous supplier de vouloir bien lui accorder l'autorisation d'établir son domicile en Belgique. Il a l'honneur d'être, avec le plus profond respect, de Votre Majesté, le très humble et très obéissant serviteur.'

Dr Charles Marx

Terwijl de stad haar poorten openstelt voor de politieke bannelingen, blijft Brussel groeien, en van 1865 tot 1909 drukt Leopold II, als bouwheer, een zichtbare stempel op de stad.

Knus gezeten in zijn auto, zien wij hem zijn paleis te Laken verlaten. De wagen rijdt langzaam. Hij wil Brussel bezoeken als een buitenlands toerist. De hoge zwarte wagen met zijn kanariegele wielen, zijn grote koperen koplampen, rijdt door de stad zoals de koning haar gedeeltelijk gebouwd en verfraaid heeft. Hij bewondert zijn werk: het grote postgebouw, de Beurs, het Justitiepaleis, het Museum voor Schone Kunsten in de Regentiestraat, hij bereikt de kazernes van Etterbeek en neemt vervolgens de Tervurenlaan die hem tot voor het Koloniaal Museum leidt. Op de terugtocht werpt hij een blik van voldoening op de Japanse Toren.

Het Brussel van die tijd? De stad telt 400.000 inwoners en tweemaal in de week leidt de jonge herder Jef Knoll zijn zes geiten door de Nieuwstraat, om er zijn 'heel' verse melk te leveren aan de handelaars en de burgers van dit stadsdeel.

Te Schaarbeek is de nog niet vernielde, overings zeer mooie 13de-eeuwse Sint-Servatiuskerk, een academie voor schilderkunst geworden, waar 's avonds, jonge baardige leerlingen met half geloken oog prachtige meisjes komen natekenen die zich, na de zittijd, haastig aankleden in de voormalige sakristij om, samen met hun bewonderaars tegen de riante prijs van 30 centiem een haring te gaan eten en een paar glazen geuze te drinken.

Sportieve families vertrekken 's zondags naar Bosvoorde om er de nieuwe renbaan te bewonderen en er boterhammen met witte kaas te eten, evenals paling in het groen, afkomstig uit de vijver.

Durvers dringen over de Louisalaan door tot Ter Kameren Bos. Maar, eens de Gachardstraat voorbij, staat er geen huis meer: er zijn alleen nog weiden, bosjes notelaars, kleine slingerwegen waar tedere verliefden kwelen.

Een attractie vormen de leerlingen van de militaire school, op oefening voor de Abdij van Ter Kameren, waar ze gekazerneerd liggen in gebouwen die zo vochtig zijn dat de toekomstige officieren omzeggens doorlopend met verkoudheden geplaagd zitten.

Welke zijn nu de verplaatsingsmiddelen waarover de Brusselaar beschikt tussen de jaren 1880 en 1890? In alle seizoenen wordt de huurkoets gebruikt, een soort oude, minabele kast, voortgetrokken door knollen die zo mager zijn dat op hun ribben xylofoon kan worden gespeeld. De knarsende, krakende, wiebelende wagen brengt u naar de binnenstad of naar de

et sa prospérité. Les travaux de la Jonction reliant la gare du Nord à celle du Midi bouleversent le paysage urbain.

La circulation automobile augmente sans cesse, les immeubles de bureaux se multiplient. En 1930, les bruxellois commémorent par de nombreuses festivités le centenaire de la Belgique indépendante et le prince Baudouin naît en septembre de cette année là.

Mai 1940: c'est à nouveau la guerre et l'occupation. Durant celle-ci, Bruxelles se veut, malgré tout, une capitale de l'esprit et des arts. Les activités intellectuelles sont nombreuses et diverses. Comme l'écrivit, après la guerre, Monsieur Lucien Christophe: « Il restait aux écrivains une certaine liberté, car, en fait, il n'y eut pas de censure. Cela peut paraître incroyable, mais dans 99 cas sur 100, le travail de la censure consistait à écrire un numéro d'ordre pour l'obtention d'un bon de papier, à côté d'un titre soumis par un éditeur. On peut, d'ailleurs, estimer que la censure ne devient une chaîne pour la conscience qu'au moment où elle vous demande de corriger vos écrits. »

Nombre d'écrivains belges publient des ouvrages pendant l'occupation. Ils estiment que c'est remplir un devoir de présence. Carlo Bronne fait éditer son admirable « Léopold Ier », Léon van der Essen, ses « Pages d'Histoire Nationale », Arnold de Kerckhove son « Benjamin Constant », apologie courageuse du libéralisme, Gaston Colle campe d'étonnants portraits dans « Les Éternels ».

On peut évaluer à 150 les livres édités de 1940 à 1944 traitant de héros nationaux ou de personnalités marquantes de l'histoire des Belges.

Il s'agit d'un effort qui n'est pas concerté mais voulu par tous ceux qui entendent maintenir la fierté et l'unité du pays.

Durant ces années-là, les Belges ne peuvent prendre de vacances au littoral. Il leur est impossible de voyager à l'étranger.

Les cinémas ne projettent que peu de films de qualité et l'occupation rend les rues bien sinistres.

Aussi lit-on beaucoup et se rend-on au théâtre où règne une activité intense.

Claude Étienne fait ses débuts, Georges Sion donne son exquise « Matronne d'Éphèse », Herman Closson, son « Épreuve du Feu », mais le fait capital, c'est la ruée des jeunes vers les spectacles classiques; Racine et Molière ont un immense public.

Les concerts aussi, malgré l'interdiction de jouer du Stravinsky, du Mendelssohn, de l'Hindemith, de l'Alban Berg.

La musique moderne n'est plus représentée que par Roussel, Honneger et Poulenc.

Et la peinture? Elle est en deuil car meurent Laermans, Valerius De Sadeleer et Gustave De Smet. Les grandes expositions ont un succès fou: celle des « Nus » de Permeke, celles qu'organise la Galerie Apollo.

De 1940 à 1944, comme l'écrivit Paul Fierens: « Les jeunes peintres et sculpteurs ont eu moins d'audace mais ils ont retrouvé le sens de l'humain, de l'intimité; plus de sentiment et moins de style. » C'est cette tendance qu'a remarquée un petit livre de Paul Haesaerts: « L'animisme ». Sous ce vocable ont été réunis, dans l'esprit du public, quelques peintres et sculpteurs: Albert Dasnoy, Charles Leplae, Wolvens, Van Dijck, Van Lint, Bertrand et d'autres.

Après la guerre, Bruxelles vivra, certes, les événements parfois dramatiques de la question royale, durant l'exil de Léopold III à Pregny, en Suisse, mais la capitale connaîtra aussi d'heureux jours.

L'Exposition de 1958 avec les grosses sphères de son Atomium rutilantes dans le ciel bleu, l'odeur de friture et d'escargots de sa Belgique joyeuse, les aspects très 1900 et petit-bourgeois du palais soviétique, les mystères de l'électronique, les violons tziganes de la Hongrie, les sculptures abstraites du pavillon américain si anguleuses que les dames y déchiraient leurs atours, les cocktails et les inaugurations se succédant. Ouverte le 17 avril 1958, l'Exposition reçut 45 millions de visiteurs, plus du double de celle de 1935.

Toujours au rayon des événements heureux: le mariage du prince Albert, en 1959, avec la princesse Paola. Laeken reçoit des milliers d'invités. Les serres se transforment en un immense tableau de Dufy: palmiers, robes roses, blanches, fracs noirs des messieurs.

En 1960, le 15 décembre, encore du bonheur: Baudouin épouse Fabiola de Mora y Aragon qui arrive, de Madrid, souriante, en petit cardigan, très simple.

Bruxelles se met à l'heure de l'Occident, elle creuse des tunnels pour améliorer la circulation et pour s'équiper d'un métro, elle accueille dans de hauts buildings, les fonctionnaires des institutions internationales, bref elle se veut la capitale de l'Europe.
Y réussit-elle?

voorsteden voor de globale som van 1 frank, plus een drinkgeld van 25 centiem maximum. Voor twee frank brengt de koetsier u naar Ter Kameren Bos en terug. Maar opgelet: neemt ge een koffer mee dan kost u dat 10 centiem extra.

En de trams? 10 centiem per traject. Het eindstation lag dicht bij de Beurs, in de Anspachlaan. De lijnen liepen langs de boulevards omheen het centrum van de stad en andere straalden uit in de richting van Schaarbeek, Etterbeek, Sint-Gillis en Anderlecht. Men zei niet ' ik neem de tram', maar wel 'ik neem de Amerikaan'.

De snobs deden hun inkopen in de leuke winkels langs de Kunstberg en van de Sint-Hubertusgalerijen. De 'Bon Marché, aan het Rogierplein, dat toen nog Natiënplein heette, gelegen, bezat slechts twee uitstalramen waarin het zijn waar ten toon spreidde, maar de dames verdrongen zich reeds in de diverse afdelingen van de 'Grands Magasins de la Bourse'.

Een eigenaardige tegenstelling nog in volle centrum: enerzijds de Handelsgalerij slecht befaamd om de onbeschaamdheid van zijn lichte meisjes, en de 'Noordpassage', pleisterplaats van de jeugd die er drie boeiende attracties vond: een museum van wassen beelden, een vertoner van geleerde apen en een marionnettentheater waar, elke namiddag, de dappere Roeland een dozijn gebruinde saracenen om zeep hielp, dat in een decor van gekneed karton. Bij mooi weer speelden de kinderen in het Park van Brussel.

Hoeveel van hen zijn niet oorlogsvrijwilliger geworden in 1914, toen België onder de voet werd gelopen?

Vier jaar lang is Brussel een bezette stad. In 1918 viert de stad de triomfantelijke terugkeer van Koning Albert I en koningin Elisabeth.

Tijdens de 'tussen-twee-oorlogen'-periode vindt de stad haar intens ritme en haar voorspoed terug. De werken ter verbinding van het Noord- met het Zuidstation, halen het stadsbeeld overhoop. Het autoverkeer wordt intenser en de bureaugebouwen talrijker.

In 1930 herdenken de Brusselaars feestelijk het honderdjarige bestaan van de onafhankelijkheid en in september van hetzelfde jaar wordt prins Boudewijn geboren.

In mei 1940 kennen België en Brussel opnieuw oorlog en bezetting. Maar spijts de tragische gebeurtenissen wil de hoofdstad een centrum van kunst en geestesleven zijn. Haar culturele activiteiten zijn even verscheiden als talrijk.

Na de oorlog zou Lucien Christophe hierover schrijven: 'De schrijvers bezaten nog een zekere vrijheid, want, in feite, bestond er geen censuur. Dit kan ongeloofwaardig schijnen, maar in 99 op de 100 gevallen, bepaalde de censuur zich tot het geven van een volgnummer voor het verkrijgen van een papierbon, nummer dat genoteerd werd naast de door de uitgever voorgelegde titel. De censuur werd overigens slechts dan hinderlijk, wanneer gevraagd werd correcties aan te brengen in de teksten.

Tal van Belgische schrijvers publiceren verder tijdens de bezettingsjaren. Carlo Bronne geeft zijn merkwaardige 'Léopold Ier' uit, Léon van der Essen zijn 'Bladzijden van de Nationale Geschiedenis', Arnold de Kerckhove zijn 'Benjamin Constant', een moedige apologie van het liberalisme, Gaston Colle tekent boeiende portretten in zijn 'Les Éternels'.

Tussen 1940 en 1944 werden ongeveer 150 boeken uitgegeven, handelend over onze nationale helden of over belangrijke personaliteiten uit de Belgische geschiedenis. Het gaat hier om een inspanning die, hoewel niet beraamd, dan toch gewild is door diegenen die menen aldus de fierheid en eenheid van het land op peil te houden.

Tijdens deze jaren kunnen de Belgen hun vakantie niet meer doorbrengen aan de kust. Ze kunnen ook niet naar het buitenland. De bioscopen vertonen slechts weinig kwaliteitsfilms en de bezetting maakt de straten eerder somber. Men leest dan ook veel en gaat naar het theater waar een drukke activiteit heerst. Naast enkele succesvolle jongere werken, zijn het vooral Racine en Molière, die volle zalen trekken.

Spijts het verbod Strawinski, Mendelssohn, Hindemith en Alban Berg te spelen kent ook het concertleven een grote bloei. De moderne muziek is er slechts nog vertegenwoordigd met Roussel, Honneger en Poulenc.

De schilderkunst rouwt om het afsterven van Laermans, Valerius De Saedeleer en Gust De Smet. De grote tentoonstellingen kennen een enorm succes, onder meer deze van 'Naakten' van Permeke en gene georganiseerd door de Galerij Apollo.

Tijdens de periode 1940 tot 1944, schrijft Paul Fierens: 'tonen de jonge schilders en beeldhouwers wel minder durf, maar hebben ze de zin van het menselijke en van de intimiteit teruggevonden; er is meer gevoel en minder stijl'. Deze tendens wordt ook opgemerkt door Paul Haesaerts in zijn boekje 'L'animisme'. Onder dit begrip vallen enkele schilders en beeldhouwers, als: Albert Dasnoy, Charles Leplae, Wolvens, Van Dyck, Van Lint, Bertrand en anderen.

Durant l'hiver de 1972, des experts ont répondu à la question.

Trente spécialistes en marketing et en promotion de ventes appartenant à douze pays ont disséqué le produit touristique « Bruxelles ».

Ils notent en sa faveur:
- la situation exceptionnelle de la cité en tant que « centre » géographique et économique de l'Europe;
- sa gastronomie transcendante et à des prix raisonnables;
- son excellent réseau de transports publics joint à une très bonne infrastructure routière;
- son activité culturelle considérable;
- sa dimension acceptable;
- son centre commercial mondial en voie d'élaboration;
- son grand nombre d'hôtels de première classe;
- l'existence d'une institution chargée de la promotion touristique;
- un choix de magasins étonnant;
- sa population très accueillante et très amicale;
- des musées de qualité;
- un accès par air, par train, par route extrêmement aisé;
- son centre de congrès;
- des pôles d'attraction particulièrement intéressants en périphérie et en province;
- une boisson nationale, la bière.

Telle est l'opinion des experts en tourisme.

Un de leurs meilleurs précurseurs fut, certes, Théophile Gautier qui, en 1845 déjà, écrivait à propos du cœur même de cette capitale « Qu'on se figure une grande place dont tout un côté est occupé par l'hôtel de ville, un édifice miraculeux avec un rang d'arcades comme le palais ducal à Venise, des clochetons entourés de petits balcons à rampes découpées, un grand toit rempli de lucarnes historiées, et puis un beffroi de la hauteur et de la témérité la plus audacieuse, taillardé à jour, si frêle que le vent semble l'incliner, et, tout en haut, un archange doré, les ailes ouvertes et l'épée à la main. »

Na de oorlog, en tijdens de ballingschap van Leopold III te Pregny, maakt Brussel de soms wel dramatische gebeurtenissen omtrent de Koningskwestie mee, maar de hoofdstad kent ook haar gelukkige dagen.
Er is de wereldtentoonstelling van 1958. De grote bollen van het Atomium schitteren in de blauwe hemel. Er is de geur van frituur en mosselen van 'Oud-België', het zeer 1900- en klein-burgerlijk aspect van het Sovjetpaleis, de mysteries van de electronica, de Zigeunerviolen van Hongarije, de abstracte beeldhouwwerken van het Amerikaans paviljoen die zo hoekig zijn dat vele dames er niet zonder kleerscheuren afkomen, de talrijke cocktails en inhuldigingen.

Toegankelijk vanaf 17 april 1958, telt men na sluiting van de tentoonstelling 45 miljoen bezoekers, het dubbele van deze van 1935.

Steeds binnen het kader der gelukkige gebeurtenissen: het huwelijk van prins Albert in 1959 met princes Paola. Laeken ontvangt duizenden bezoekers. De serren worden omgeschapen in een reusachtig doek van Dufy: palmbomen, roze en witte jurken, zwarte geklede rokken van de heren.

Nog een gelukkige gebeurtenis op 15 december 1960: koning Boudewijn huwt Fabiola de Mora y Aragon, uit Madrid gearriveerd met de glimlach op het gelaat, eenvoudig gekleed.

Brussel werkt zich op tot westers niveau: er worden tunnels gegraven ter verbetering van het verkeer en voor het aanleggen van een metro; in hoge buildings worden de functionarissen van de internationale instellingen ondergebracht. Brussel wil de hoofdstad van Europa worden. Zal ze er in slagen?

Tijdens de winter van 1972 hebben experten deze vraag reeds beantwoord.

Dertien marketing- en verkoopspromotiespecialisten, afkomstig uit twaalf landen hebben het toeristisch product 'Brussel' ontleed. In het voordeel van de stad zijn:
- de uitzonderlijk gunstige ligging, zowel als geografisch dan als economisch centrum van Europa;
- de uitstekende gastronomie tegen redelijke prijzen;
- het bijzonder goede net van openbaar vervoer en de zeer goede wegeninfrastructuur;
- de grote culturele activiteit;
- haar aanvaardbare afmetingen;
- haar wereldhandelscentrum in aanbouw;
- haar groot aantal eersterangshotels;
- het bestaan van een instelling, belast met de toeristische propaganda;
- een grote keuze aan winkels;
- haar gastvrije en vriendelijke bevolking;
- haar goedvoorziene musea;
- de gemakkelijke bereikbaarheid, zowel per vliegtuig, als per trein en over een zeer adequaat wegennet;
- haar congressencentrum;
- de bijzonder interessante attractiepolen, zowel in de onmiddellijke omgeving als in de provincie gelegen;
- haar nationale drank: het bier.

Dat is de mening van experten.

Een hunner beste voorlopers was ongetwijfeld Théophile Gautier die, reeds in 1845, over het hart van diezelfde hoofdstad schreef: 'Qu'on se figure une grande place dont tout un côté est occupé par l'hôtel de ville, un édifice miraculeux avec un rang d'arcades comme le palais ducal à Venise, des clochetons entourés de petits balcons à rampes découpées, un grand toit rempli de lucarnes historiées, et puis un beffroi de la hauteur et de la témérité la plus audacieuse, tailladé à jour, si frêle que le vent semble l'incliner, et, tout en haut, un archange doré, les ailes ouvertes et l'épée à la main'.

If only because of the enigmas it raises, the capital's history is worth looking into: it will reveal the city's ups and downs, its highlights, and cruising speed.

The Brussels area was populated in pre-historic times, as shown by flint axes, arrow heads, and scrapers which archeologists have dug-up at Etterbeek, Boitsfort, Molenbeek, etc..

During the bronze era, beginning approximately in 1850 B.C., Brussels dwellers were using instruments and weapons made from that metal, and a primitive kind of pottery.

In the iron era (800 B.C.) tribes from beyond the Rhine settled on the banks of the Senne. Among these tribes, Belgians from Germania arrived around 300 B.C.

They left some pottery in the Brussels area, the handle and rings of a bucket, and a pot-hanger. The origin of the latter has been disputed among experts.

Some low hearths have also been discovered near the Groenendael race-track.

Brussels in the Gallo-Roman period—from 57 B.C. to the 3rd century—has but little to show: vestigia of a few villas, objects such as buckles, hooks, door handles, pokers, scales. The meagre harvest indicates that there was as yet no urban settlement on the site of the Belgians' future capital.

Incursions by Franks multiply during the 3rd century, and the invaders reach the Brussels area. Three hundred Frankish tombs have been uncovered at Anderlecht. The newcomers brought their language and vocabulary with them. Roads became "weg", "gat", or "baan"; sources were called "borre", or "bron"; meadows were named "beemd", or "weide", etc..

Villages built by the Franks have names ending in "zeel", "gens", or "ingen".

At the end of the 7th century a chapel dedicated to St. Michael the archangel was built on the slope of a hill, on the right bank of the Senne. This chapel was to become the majestic St. Michael cathedral.

Some historians think that Brussels's first Christian sanctuary was built on the site of a pagan temple dedicated to the sun. It is an engaging hypothesis. In primitive christianity the cock—symbol of faith's irradiating light—was represented fighting the tortoise—symbol of pagan darkness—as, in later days, the archangel was to smite the infernal dragon.

Around Brussels ("Broek-sele": housing in the marshes) several villages arose during the 10th century.

A charter signed, in 966, by Otto I, Emperor of Germany, mentions "Bruoccella".

The city has a market place, three wooden bridges across the Senne and, shortly afterwards, a small fortress, and a new chapel dedicated to St. Géry.

The population, grouped around the local lord and his retinue, consists of peasants, a few craftsmen, soldiers, and civil servants. In 977, the local lord is Charles de France, duke of lower Lotharingia, of Carlovingian descent.

Brussels's prosperity took form in the 11th century. The city benefited from increasing trade between the Rhine areas and the Scheldt region. It has its own aldermen, and a new market place, in the vicinity of the small spire of a church dedicated to St. Nicholas.

Im Rahmen dieses Buchs erscheint es nützlich, die ziemlich ungewöhnliche Entwicklungsgeschichte der Hauptstadt näher zu betrachten, die ruhmvollen wie auch die schweren Tage und zwischendurch den ruhigen Gang der Geschichte.

Die Gegend war wahrscheinlich bereits in vorgeschichtlicher Zeit bewohnt. Dafür zeugen die Beile aus Feuerstein, die Pfeilspitzen und Schaber, die von Archäologen in Etterbeek, Bosvoorde, Molenbeek und anderswo gefunden wurden.

In der Bronzezeit, etwa 1850 vor unserer Zeitrechnung, gebrauchten die damaligen Bewohner Gegenstände und Waffen aus diesem Metall, sowie primitives Geschirr.

Um 800 v.C., in der Eisenzeit, setzten sich Stämme von jenseits des Rheins am Senneufer fest. Etwa 300 v.C. kamen Siedler germanischer Herkunft. Aus dieser Zeit stammt verschiedenes Geschirr, ein Handgriff, Bänder eines Eimers, weiter eine Zahnstange (deren Ursprung jedoch bei Gelehrten ziemlich umstritten ist). Weiter entdeckte man in der Nähe der Rennbahn von Groenendaal einige Öfen.

Aus der gallo-römischen Periode, 57 v.C. bis zum Ende des 3. Jh., besitzen wir nicht viel mehr als geringe Überreste von einigen Villen und von Gegenständen wie Spangen, Haken, Türklinken, Schürhaken und Waagschalen.

Diese mässige Ausbeute beweist, dass es damals keine bedeutende Siedlung auf dem Gebiet gab, wo später die Hauptstadt Belgiens entstehen sollte.

Im 3. Jh. fielen die Franken häufiger ein und wir können ihre Anwesenheit in der Gegend von Brüssel feststellen, wo sie sich allmählich niederliessen. Von ihrer Anwesenheit zeugen 300 fränkische Gräber, die auf dem Gebiet des heutigen Anderlecht entdeckt worden sind.

Die neuen Eroberer brachten ihre Sprache und ihren Wortschatz mit. Die Strassen wurden "weg", "gat" oder "baan", die Brunnen "borre" oder "bron", die Weiden "beemd" oder "weide" usw. Die von den Franken gegründeten Dörfer trugen Namen die mit "-zeel", "-gens" oder "-ingen" enden.

Um das Ende des 7. Jh. wurde am Hügelabhang, auf dem rechten Ufer der Zenne, eine Kapelle errichtet, die dem St. Michael geweiht wurde. Diese Kapelle wurde später zu der imposanten St. Michaelskathedrale ausgebaut. Verschiedene Gelehrte sind der Meinung, dass das erste Heiligtum an der Stelle errichtet wurde, wo vorher ein heidnischer Sonnentempel stand. Diese These ist recht reizvoll, weil im frühen Christentum der Hahn, Symbol des Lichtes und des Glaubens, zum Streit zog gegen die Schildkröte, die ihrerseits das Sinnbild der Dunkelheit des Heidentums war. Dieselben Symbole finden wir in dem Erzengel, der den Drachen tötet (dem Wappenzeichen der Stadt Brüssel).

Im 10. Jh. vermehrten sich die Dörfer in der Gegend von Brüssel, welches seinen Namen herleitet von "Broek-sele": Wohnort in den Sümpfen. In einer von Kaiser Otto I. von Deutschland ausgestellten Urkunde, ist die Rede von "Bruoccella".

Die Stadt hatte einen Markt, drei hölzerne Sennebrücken und besass bald darauf eine kleine Festung, sowie eine weitere, St. Gorik geweihte Kapelle. Die Bevölkerung bestand aus Bauern, einigen Handwerkern, und, gruppiert um den örtlichen Adelsherrn, dessen Familienangehörigen, Amtspersonen, Diener und Soldaten. 977 hiess dieser adlige Herr Charles de

Aun cuando no fuera más que por los enigmas que plantea, la capital merece que sean evocados su pasado, sus horas de gloria como de angustia y, entre los puntos cumbre de su historia, su velocidad de crucero.

La región bruselense estuvo poblada, desde la prehistoria, tal como lo atestiguan hachas de sílex, puntas de flechas, raspadores descubiertos por los arqueólogos, en Etterbeek, Boitsfort, Molenbeek, etc. Durante la edad de bronce que comienza alrededor de 1.850 años antes de la era cristiana, los Bruselenses utilizan instrumentos y armas hechos de este metal, así como alfarería primitiva.

En la edad de hierro, en 800 antes de J.C., tribus procedentes de más allá del Rin se establecen en las orillas del Senne y entre ellas, hacia 300 a. de J.C., Belgas oriundos de Germania.

En la región bruselense nos dejaron algunas jarras, el asa y los aros de una cuba y una cremallera cuyo origen suscita, sin embargo, controversias entre eruditos.

También fueron descubiertos unos bajos hornos cerca del hipódromo de Groenendael. De la época galorromana de Bruselas, o sea desde 57 a. de J.C. hasta fines del siglo III, no han quedado más que los vestigios de unas villas, unos objetos tales como fíbulas, broches, picaportes, atizadores, balanzas, pero lo escaso de esta cosecha prueba sobradamente que aun no existía aglomeración urbana en el sitio en donde, más tarde, se alzaría la capital de los Belgas.

Durante el siglo III, las incursiones de Francos se multiplican y su presencia se observa en la región bruselense donde se instalan poco a poco. En Anderlecht se han sacado a la luz 300 tumbas francas.

Los nuevos ocupantes importan su idioma y su vocabulario. Los caminos se convierten en "weg", "gat" o "baan", los manantiales en: "borre" o "bron", las praderas en: "beemd" o "weide" etc.

Las aldeas creadas por los Francos llevan nombres terminándose en "zeel" o "gens" o "ingen".

A fines del siglo VII es cuando una capilla dedicada al arcangel san Miguel se alza en la ladera de la colina, en la orilla derecha del Senne. Esta capilla llegará a ser la imponente catedral San Miguel.

Algunos historiadores creen que el primer santuario cristiano de Bruselas fue edificado en el emplazamiento de un templo pagano dedicado al sol. La hipótesis nos parece atractiva, pues en el cristianismo primitivo, el gallo, simbolizando la luz de la fe, luchaba contra la tortuga que encarnaba las tinieblas del paganismo, al igual que, más tarde, el arcangel derribará al dragón infernal. En el siglo X las aldeas se multiplican alrededor de Bruselas cuyo nombre viene de "Broek-sele": el habitat de los pantanos.

En 966, en un diploma expedido por el emperador de Alemania, Otón I, es mencionado el término de "Bruoccella".

La ciudad tiene su mercado, tres puentes de madera sobre el Senne y pronto una pequeña fortaleza, así como una nueva capilla dedicada a San Géry.

¿Y la población? Campesinos, algunos artesanos y, agrupados en torno al señor del lugar, sus allegados, soldados y funcionarios.

Este señor, en 977, lleva el nombre de Carlos de Francia. Es duque de Baja Lotaringia y de origen carolingio.

En el siglo XI, se afianza la prosperidad de Bruselas.

One hundred years later, the city, spreading East- and Southwards, has five hospitals and a leper-hospital. The wealthy burghers are building for themselves "steenen", imposing stone houses, and the city is surrounded by battlements.

Brussels develops further, under the dukes of Brabant, in the 13th century. It receives a charter by which its burghers are granted many privileges in the matter of both their personal security and properties. Severe penalties are being meted out for disturbers of the peace, and legal provisions are laid down for restoring order. Some of the stipulations are revealing for the coarse "mores" of the times. Mutilation was punished by retaliation. Fines, from 20 cents to 20 pounds, were imposed for threatening arson (10 pounds), head injuries (20 pounds), wounds easy to heal (5 pounds), jaw blows with loss of teeth and blood, fist or foot kicks (3 pounds), kicks with a pot (10 pounds). Dragging someone by his hair, or mud-slinging, cost 3 pounds. A woman hitting a man had to pay a fine of 20 shillings, or she had to carry certain stones from one parish to another. Capital punishment was meted out to those found guilty of murder, rape, arson, kidnapping, and violation of the truce.

Offenders were hanged at the gallows outside the city walls, at a spot called "Galgenberg" (gallows' hill), the present Place Poelaert.

How did those Brussels people make a living? They were active in cloth manufacture, in the tanning trade, in all wood manufactures, and in food trade. Craftsmen and traders were grouped in streets, according to their respective business.

Social conflicts are beginning to stir. In 1303, there is a violent outburst from the masses against the bourgeoisie.

The latter succeeds in restoring order by 1306, after a battle fought at Vilvorde. The city, at that moment, has a substantial population of poor, turbulent, demanding people.

These men are endeavouring to obtain from the wealthy families some share in the city's administration. They were successful only in part, through the channel of their corporations. In 1356, as a consequence of quarrels between feudal lords, the army of the count of Flanders invaded and occupied Brussels. They were to be driven out by Everard t'Serclaes whose monument, by Julien Dillens, now is in the rue Charles Buls, near the Grand'Place.

The events of 1356 had demonstrated that the city's old battlements offered no protection against invasion. The citizens decided to consolidate them, and to equip them with artillery.

What was happening within these ramparts? The show was full of contrasts. Manners were coarse. There was high living, and abject misery. People would meet in promiscuous, wooden bath-houses. There were popular celebrations. Meanwhile, mystic writers such as Bloemardinne, the heretic, and Jan Ruusbroec were expressing in admirable books the intensity of their religious faith.

Faith is the motivation of many religious people in their convents. In 1358, Pierre Van Huffel, a wealthy burgher, bequeats all his goods to a house for the education of poor pupils. Other distinguished citizens establish houses for old people.

Brussels, in those days, is being defended by the "Schuttersgilde", the cross-bowmen's guild. They are the city's police, keep order, and guard the rampart's gateways. They were to build the church of "Notre-Dame des Victoires" at the Sablon, a master-piece of late gothic architecture.

France. Er war Herzog von Nieder-Lothringen und stammte aus dem Geschlecht der Karolinger.

Während des 11. Jh. gelangte Brüssel zu Wohlstand. Die Stadt zog Gewinn aus den vielfältigen Handelsbeziehungen zwischen Rheinland und Scheldegegend. Sie hatte nun ihre Schöffen. Ein neuer Markt kam dazu, der beherrscht wurde durch den Glockenturm der St. Nikolaskirche.

100 Jahre später hatte Brüssel fünf Spitäler und ein Aussätzigenhaus. Die Stadt breitete sich nach Westen und Osten aus und die wohlhabenden Bürger liessen sich imposante steinerne Häuser, sogenannte "stenen" bauen. Sie erhielt nun auch ihre erste Festungsmauern.

Während des 13. Jh. wuchs die Stadt unter dem Einfluss der Herzöge von Brabant weiter... Sie erhielt eine Verfassungsurkunde, die ihren Bürgern zahlreiche Garantien für ihre eigene Sicherheit und für ihr Hab und Gut verleiht. Ausserdem wurden schwere Strafen, gegen Friedensbrecher, sowie juridische Massnahmen zur Wiederherstellung des Friedens vorgesehen. Ein Bild der rauhen Sitten dieser Zeit geben einige der getroffenen Massregeln wie die Folgenden: Bei Verstümmelung galt das Gesetz der Vergeltung. Die Bussen schwankten zwischen 20 Stuivers und 20 Pond. So wurde z.B. Brandstiftung mit 10 Pond bestraft; Verwundung am Kopf mit 20 Pond; für leichte Verwundung 5 Pond; für einen Backenschlag mit Ausbrechen von Zähnen oder Blutung, einen Faustschlag oder einen Tritt 3 Pond; für einen Schlag mit einem Topf oder einer Kanne 10 Pond; wer seinen Gegner an den Haaren zog oder ihn in den Kot warf, wurde mit 3 Pond gestraft; eine Frau, die ihren Mann schlug, musste 20 Schilling bezahlen oder Steine von der einen Gemeinde zur anderen tragen. Die Todesstrafe wurde bei Mord, Vergewaltigung, Brandstiftung, Entführung, Bruch eines Waffenstillstands verhängt. Der Schuldige wurde an dem Galgen, ausserhalb der Stadtmauer, auf dem Galgenberg (dem heutigen Poelaertplatz) gehenkt.

Aber wovon lebte der Brüsseler? Vom Tuchhandel, der Gerberei, von allerlei Holzverarbeitung, sowie vom Handel mit Lebensmitteln. Handwerker und Händler gruppierten sich strassenweise und nach ihren Spezialitäten.

Soziale Konflikte entstanden. 1303 gab es einen ernsten Volksaufstand gegen die Bourgeoisie. Diese konnte ihre Macht über die Stadt und ihr verarmtes, unruhiges und durch verschiedene Forderungen aufgewühltes Proletariat erst im Jahre 1306, nach einer regelrechten Feldschlacht in Vilvoorde, wieder herstellen.

Während die Regierung der Stadt bis dahin in den Händen einiger reicher Familien lag, versuchte nun das Proletariat, langsam ein Mitbestimmungsrecht zu erhalten. Das gelang ihm nur teilweise und nur durch Hilfe der Zünfte. Als Folge der Zwiste zwischen den grossen Lehnsherren wurde die Stadt 1356 durch das Heer des Grafen von Flandern erobert und besetzt. Dieser Herr wurde durch Everard 't Serclaes aus Brüssel vertrieben. Sein Denkmal – eine Arbeit von Julien Dillen – befindet sich jetzt in der Karel Bulsstraat, dicht beim Rathaus.

Aus diesen Vorfällen lernten die Brüsseler jedenfalls, dass ihre alte Festungsmauern keinen genügenden Schutz mehr gegen eventuelle Angriffe boten. Die Mauern wurden verstärkt und erweitert und ausserdem mit schwerem Geschütz bestückt.

Hinter diesen Mauern entfaltete sich ein recht kontrastreiches Schauspiel. Die Sitten waren rauh, der Hang nach Luxus war ein Hohn für die herrschende Armut. Der Besuch der Badestuben war ein ausschweifendes Vergnügen: in hölzernen Bottichen badeten Männer und Frauen zusammen; Volksfeste

Se beneficia de las corrientes comerciales que se multiplican entre las regiones renanas y las del Escalda. La ciudad tiene sus concejales y un nuevo mercado dominado por la torrecilla de un santuario dedicado a San Nicolás.

Cien años más tarde, cuéntanse ya cinco hospitales y una leprosería en la ciudad que se extiende hacia el Este y el Sur, mientras que los burgueses acomodados se hacen construir imponentes casas de piedra, las "steenen", y que la ciudad se va rodeando de murallas.

En el siglo XIII, a instancia de los duques de Brabante, Bruselas se desarrolla aun más y recibe una carta que otorga numerosas garantías a los burgueses, tanto para la seguridad de sus personas como para la de sus bienes, previendo penas severas contra aquellos que turbarían el orden público y medios jurídicos para restablecer éste. Las disposiciones que citamos a continuación darán una idea de las costumbres, todavía muy brutales, de la época: en caso de mutilación aplicaban al culpable la ley del talión. Eran exigidas multas que iban desde 20 vellones hasta 20 libras por amenazas de incendio, (10 libras) por heridas en la cabeza, (20 libras) por heridas fáciles de curar, (5 libras) por golpes en la mandíbula, con extracción de muelas o efusión de sangre, (3 libras) por puñetazo o patada, (10 libras) por golpe dado con un jarro, él que halara a su adversario por los cabellos o le echara pez tenía que pagar tres libras; una mujer que golpeaba a un hombre era condenada a una multa de 20 chelines, o tenía que transportar piedras de una parroquia a otra. La pena de muerte castigaba a los individuos convencidos de homicidio, violación de una mujer, incendio, rapto, violación de tregua.

El culpable era colgado en la horca levantada fuera del recinto, en el lugar llamado Galgenberg, el Monte de la Horca, actualmente plaza Poelaert.

Pero, ¿de qué viven los Bruselenses? De la pañería, curtiduría y de todos los oficios madereros, así como del comercio de la alimentación.

Los artesanos y negociantes se agrupan, por calles, según su especialidad. Nacen los conflictos sociales y, en 1303, surge un violento motín del pueblo en contra de la burguesía. No será sino en 1306 cuando ésta restablecerá, tras una batalla librada en Vilvorde, sus poderes sobre la ciudad en que vive todo un proletariado pobre, turbulento, agitado por reivindicaciones diversas. Estos hombres tratan, poco a poco, de compartir con las familias ricas la administración de la ciudad, pero no lo lograrán sino parcialmente por medio de las corporaciones. En 1356, a consecuencia de litigios entre grandes feudos, las tropas del conde de Flandes invaden y ocupan Bruselas de donde serán echadas por Everard t'Serclaes. Su monumento, obra de Julien Dillens, se halla hoy rue Charles Buls, cerca de la Plaza Mayor.

Los acontecimientos de 1356 habiendo demostrado a los Bruselenses que su viejo recinto no los ponía al abrigo de una invasión, ellos fortifican y amplian sus murallas a las que equipan con artillería.

Detrás de estas murallas, ¿qué sucede? Un espectáculo más bien contrastado. Las costumbres son toscas, la miseria se ve humillada por el lujo; se suele ir a estufas de baños libertinos: grandes cubas de madera en que todos se bañan juntos; se organizan fiestas populares y mientras tanto, místicos como Jan Ruusbroec y el herético Bloemardinne expresan, en textos admirables, la intensidad de su fe.

Esta fe que, en los conventos, anima a numerosos religiosos al tiempo que un burgués como Pierre Van Huffel, en 1358, lega todos sus bienes a una casa destinada a educar a discípulos pobres y que otros notables crean hospicios para ancianos.

Towards the end of the 14th century Brussels, with a population of some 30,000, is coming into its own. The collegiate church of Saints Michael and Gudule is being built. Work is in progress on the site of a new cloth hall. Streets are being paved and provided with pretty fountains. The dukes of Brabant have made Brussels their capital, for Louvain had become too turbulent, and the frequent scene of riots by the working class. In 1379, Claus Sluter, the celebrated sculptor, came to live in Brussels with a brilliant team of craftsmen.

After serious disorders the corporations succeeded, in 1421, in gaining privileges granting them a substantial share in the city's administration. When the dynasty of the dukes of Brabant became extinct, the city was alloted to the house of Burgundy.

Under Philip the Good and Charles the Bold Brussels became a true capital city, enlivened by princes, diplomats and aristocrats. Its gracious city hall was being built. Illustrious painters, such as Van der Goes and Van der Weyden, were attracting numerous followers who filled in orders from all over Europe.

Art manufactures are multiplying: tapestry weaving, brass-founding, embroidering, and goldsmith's crafts. The Chambers of Rhetoric are performing highly successful "mysteries", or "farces".

Erasmus, the famous humanist, is about to settle down in Anderlecht, and state: "In letters from friends I frequently am being called back to Brabant. I would like to grow old there. It is my fatherland."

From 1516 to the early years of the 18th century, Brussels's fate is to be linked to the fortunes of the imperial house in Madrid. Charles the Fifth has inherited the huge Spanish empire.

On January 5, 1515 the States General representing the nobility, the clergy, and the bourgeoisie proclaim, in Brussels, the emancipation of Charles the Fifth. The latter, king of Castille and Leon in 1516, emperor of Germany in 1519, had been raised in Malines and openly showed his sympathy for the Brussels people. He was to pay frequent visits to the city, and took up residence there from 1544 to 1556.

Charles the Fifth was a sort of Louis XIV to the Belgians. Under his reign Brussels became a great centre of intellectual, scientific, and artistic activities. The great names of that brilliant era include those of Vésale, the physician, Mercator, the geographer, and the painter Van Orley.

Unfortunately Philip II, Charles the Fifth's son, was to provoke, by his political mistakes, a revolt in the Netherlands, where protestantism was making progress. Brussels was to be seriously affected by the conflict between the Belgian nobility and the tyranny of the King of Spain. On June 5, 1568 the counts Egmont and Horne were beheaded by the axe on the city's Grand-Place. The Duke of Alba is terrorizing the town. In these uneasy times Peter Brueghel, the painter, who sided with the catholics against the reformers is giving, in his paintings, expression to the misery of the ordinary people, and their concern over what is in store for them.

Brueghel's house was in the rue Haute, in Brussels. The city also gave the reformers their most powerful pamphleteer: Marnix de sainte Aldegonde, a typical "Bruxellois", who wrote in both French and Dutch, and gave to the Dutch people their national anthem, the "Wilhelmus".

After the dramatic events at the end of the 16th century Brussels, impoverished, torn apart by factions, crippled by taxes, and ransomed by armies, suddenly

wurden organisiert; dazwischen verkündeten Mystiker wie Jan Ruusbroeck und die ketzerische Bloemardinne in wunderbaren Texten ihre Glaubensglut. Während dieser Glaube durch viele Religiöse in ihren Klöstern gelebt wurde, vermachte ein Bürger wie Pieter Van Huffel 1358 sein ganzes Vermögen einem Haus, das zur Erziehung armer Schüler bestimmt war. Andere angesehene Männer der Oberschicht stifteten Spitäler für alte Leute.

Brüssel wurde zu dieser Zeit durch die Schützengilde verteidigt. Sie bildeten die Reichswache der Stadt, sorgten für die öffentliche Ordnung, bewachten die Tore und Festungsmauern. Dieser Zunft haben wir übrigens die Erbauung der Liebfrauenkirche vom "Zavel" zu verdanken, einen spätgotischen Traum.

In der Mitte des 14. Jh. – Brüssel zählte zu dieser Zeit 30.000 Einwohner – wurde die Stadt merklich verschönt. Man baute an der St. Michaelkathedrale, baute die Tuchhalle; die Strassen wurden gepflastert und mit hübschen Brunnen versehen. Die Herzöge von Brabant wählten Brüssel als Hauptstadt, weil ihnen Löwen zu unruhig schien und es allzu oft von Arbeiterrevolten heimgesucht wurde.

1479 liess sich der grosse Bildhauer Klaus Sluter in Brüssel nieder, umgeben von einer Schar hervorragender Künstler.

Nach schweren Unruhen gelang es 1421 den Zünften, ein Privileg zu erringen, wodurch sie Mitbestimmungsrecht in der täglichen Verwaltung der Stadt erlangten. Durch das Erlöschen der Dynastie der Herzöge von Brabant ging die Stadt zudem in Burgundischen Besitz über.

Unter Philipp dem Guten und Karl dem Kühnen erhielt Brüssel den Charakter einer richtigen Hauptstadt, als Wohnort von Fürsten, Diplomaten und hohen Herren, von bemerkenswerten Malern wie Van der Goes und Van der Weyden und einer Menge eifriger Kunstschüler, die aus allen Teilen Europas mit Aufträgen überladen wurden. Zur selben Zeit wurde auch mit dem Bau des Rathauses begonnen. Auch das Kunstgewerbe breitete sich aus: Wandteppichweber, Kupfergiesser, Sticker, Gold- und Silberschmiede. Die "Rhetorikerkammer" führte "Mysteries" (geistliche Schauspiele) und "boerten" (Schwänke) auf, die grossen Beifall erhielten.

Von 1516 bis zum Beginn des 18. Jh. war das Schicksal Brüssels verbunden mit der in Madrid regierenden Habsburger Dynastie.

Karl V. war Erbe des ausgedehnten Spanischen Reiches. Am 5. Januar 1515 wurde er durch die Generalstaaten, die Adel, Geistlichkeit und Bürger vertraten, zu Brüssel für mündig erklärt. Karl V., in Mechelen erzogen, hat auch als König von Kastilien und Leon seit 1516, seit 1519 als Kaiser von Deutschland, seine Anhänglichkeit an Brüssel nie verleugnet. Gern kehrte er hierher zurück, verbleibt hier selbst von 1544 bis 1556 und regierte von Brüssel aus sein ungeheuer grosses Kaiserreich. Kaiser Karl V. ist für die Belgier eine Art Ludwig XIV. gewesen. Unter seinem Einfluss wurde Brüssel ein Zentrum intensiven intellektuellen, wissenschaftlichen und künstlerischen Lebens. Grosse Namen aus dieser Periode sind der Arzt Vesalius, der Geograph Mercator, der Maler Van Orley.

Leider gaben die politischen Fehler Philipps II., des Sohns Kaiser Karls, den Anlass zur allgemeinen Revolte der Niederlande, von denen ein grosser Teil dem Protestantismus zuneigte.

Brüssel hatte viel zu leiden unter den Konflikten, die den belgischen Adel regelrecht zur Auflehnung gegen die Tyrannei des Spanischen Königs treiben. Am 5. Juni 1568 wurden die Grafen Egmont und Hoorn auf dem Grossen Markt mit dem Beil enthauptet; danach hatte Brüssel besonders unter dem

Bruselas está, entonces, defendida por la "Schuttergilde", la corporación de los ballesteros. Ellos son los gendarmes de la ciudad, los que velan por el orden público, vigilan las puertas de las fortificaciones y es a estos hombres a quienes se debe la edificación de la iglesia de Nuestra Señora de las Victorias en el Sablon, obra maestra en gótico flamígero.

Hacia fines del siglo XIV, Bruselas, que cuenta 30.000 almas, se hace más bella. Se trabaja en la colegiata de los santos Miguel y Gudula, se construye un mercado de los paños, se pavimentan las calles y se les adorna con lindos surtidores de agua, pues los duques de Brabante han hecho de la ciudad su capital, siendo Lovaina demasiado turbulenta y sacudida a menudo por motines obreros.

En 1479, el gran escultor Claus Sluter se establece en Bruselas rodeado de un equipo de brillantes artistas.

Pero en 1421, las corporaciones, después de graves disturbios, logran obtener un privilegio que les asegura una amplia participación en la gestión de la ciudad, la cual se tornará borgoñona por causa de extinción de la dinastía de los duques de Brabante.

Durante los mandatos de Felipe el Bueno y Carlos el Temerario, Bruselas hace figura de verdadera capital; en ella desfilan príncipes, diplomáticos y señores de noble alcurnia mientras se alza su admirable Ayuntamiento en el cielo brabanzón y que pintores tan notables como Van der Goes y Van der Weyden agrupan en torno suyo a fervientes discípulos que obtendrán en toda Europa innumerables encargos. Se multiplican las industrias de arte: tapiceros, fundidores de cobre, bordadores, orfebres y las cámaras de Retóricas dan representaciones de "misterios" o "farsas" que cosechan mucho éxito.

Va a sonar el nombre de Erasmo. De residencia en Anderlecht, el célebre humanista dirá: "A instancia de mis amigos vuelvo a menudo a Brabante. Ahí quisiera vivir hasta la vejez. Es mi patria".

A partir de 1516 hasta comienzos del siglo XVIII, el destino de Bruselas se verá ligado al de la dinastía reinante en Madrid, pues Carlos Quinto es el heredero del inmenso imperio español.

El 5 de enero de 1515, los Estados Generales representando la nobleza, el clero y la burguesía proclaman, en Bruselas, la emancipación de Carlos Quinto. Este, rey de Castilla y de León en 1516, emperador de Alemania en 1519, se había criado en Malinas y no ocultaba su afección por los Bruselenses. A menudo vuelve a su querida ciudad, donde residió de 1544 a 1556 al tiempo que reinaba sobre un inmenso imperio.

Carlos Quinto es el Luis XIV de los Belgas. Hace de Bruselas un centro de vida intelectual, científico y artístico muy intenso.

El médico Vésale, el géografo Mercator, el pintor Van Orley figuran entre los grandes nombres de esta brillante época.

Desgraciadamente, los errores políticos de Felipe II, hijo de Carlos Quinto, van a dar inicio a la revuelta de los Países Bajos adheridos, en parte, al protestantismo. Bruselas sufrirá gravemente de estos conflictos que opondrán la nobleza a la tiranía del rey de España. El 5 de junio de 1568, los condes de Egmont y de Horne son decapitados con hacha, en la Plaza Mayor de la ciudad en que el duque de Alba hace reinar el terror.

En estos tiempos turbados, el pintor Pierre Bruegel que ha tomado partido por los católicos en contra de los Reformistas, expresa en sus cuadros la miseria del pueblo y la angustia por el futuro. Bruegel vive en la rue Haute en Bruselas. La ciudad se envanece también de dar a la Reforma su más áspero panfletista: Marnix de sainte Aldegonde. Típicamente bruselense,

sees the light of another dawn under the reign of the archdukes Albert and Isabelle.

They will govern the country together, from 1598 to 1621, and after Albert's death, Isabelle will be sole governess, from 1621 to 1633.

This is a period of renaissance for Brussels. The Jesuits launch the Counter-Reformation, and their friend Rubens is helping them in creating and spreading a new style of Christian humanism that was to put a deep mark on the Brussels's élite. In their many schools the Jesuits were holding forth that life is short, but that the individual always ought to strive for the first rank. Such were both the negative, and the positive poles of an intense spiritual electric current. It would give Brussels leaders who were both detached and committed, sceptical but ambitious, fond of good living and devout.

Life at Court is regulated by a rather pompous, Habsburg-like protocol. The outings of the Ommegang, both procession and show, are ostentatious displays.

Wars are flaring up constantly in Europe, because of the French determination never to let the kingdom of Louis XIII and Louis XIV be caught between the pincers, of which the tongs would be Madrid and Vienna.

Spain, however,—ruling over Brussels—suffers severe setbacks on the high seas. Its gold road to America frequently is being cut by English or Dutch privateers. Its armies are getting exhausted. Richelieu first, and later Louis XIV's commanders have one single aim: to stab Spain in Belgium, both springboard and fortress of Spanish power in the West.

This explains Brussels's merciless bombing, in August 1695, by the French marshall de Villeroi.

As a consequence 3,830 houses were destroyed. The city hall, the cloth hall, the fine "Maison du Roi" were severely damaged. Beautiful residences like those of the Bergyck and Arschot families were riddled with cannon-balls, or burnt down.

Louis Verniers, the historian, has told the story of the intelligent and courageous reconstruction of the capital city.

He indicates that help to the victims was speedily organised. Aristocrats, church dignitaries, and large cities in Brabant (Antwerp, Malines and Louvain) arranged convoys of supplies. The city authorities, temporarily housed in the Ursel residence and a few other private dwellings, initiated the clearing of the devastated area. In order to avoid traffic jams it was ruled that carts driving towards the debris would follow one itinerary, and another one on their way back. It was to be the first "one way only" implementation for vehicles in streets with heavy traffic.

Advantage was taken of the circumstances for rectifying, widening, and raising a number of streets around the Grand'Place (i.a. the rue au Beurre, rue de la Colline and rue des Chapeliers) and for rebuilding, on a given pattern, houses not jutting out over the street, providing them with guttering that brought rain-water down to street level.

In order to promote reconstruction the Government authorized the city to fell trees in the forêt de Soignes, and lifted, for a period of three years, all duties and taxes on building material imported for the reconstruction of devastated houses. It further decreed maximum prices for framework wood and other material.

In those days count de Bergeyck, who was a true leader of men, brought delegates from all the Belgian provinces together in Brussels in order to re-activate economic life. One of these delegates said: "We should consider our country as a single city, and work together to insure its prosperity".

Terror des Herzogs Alba zu leiden. Die Gemälde von Pieter Bruegel d.Ä., der Partei nahm für die Katholiken und gegen die Reformation, geben das Elend des Volkes und seine Angst von dem morgigen Tag wieder. Bruegel wohnte in der Hoogstraat zu Brüssel.

Aber Brüssel konnte auch stolz darauf sein, einen der gefürchtesten Pamphletschreiber der Reformation hervorgebracht zu haben: Marnix van St. Aldegonde. Er war ein typischer Brüsseler, der bald französisch, dann wieder niederländisch schrieb, Autor des "Wilhelmus", der heutigen holländischen Nationalhymne.

Nach den dramatischen Jahren Ende des 16. Jh. hoffte das verarmte, innerlich zerrissene, durch Steuern niedergedrückte und durch Truppen ausgebeutete Brüssel, durch Erzherzog Albrecht und Isabella seinen früheren Wohlstand zurückzuerobern. Sie regierten gemeinsam von 1598 bis 1621. Von 1621 bis 1633, nach dem Tode ihres Gemahls, regierte Isabella das Land allein.

Inzwischen hatte Europa unter vielen Kriegen zu leiden. Die Ursache davon war die Angst Frankreichs, das Königreich Ludwigs XIII und Ludwigs XIV, zwischen Madrid und Wien in eine Zange zu geraten zu sehen. Doch das Spanien dieser Zeit, das auch Brüssel unter seiner Vormundschaft hielt, erleidete schwere Verluste zur See: die Goldtransporte aus Amerika waren durch englische und niederländische Piraten schwer gefährdet; die Heere waren nahezu erschöpft. Erst Richelieu, danach die Generäle von Ludwig XV. kannten nur ein Ziel: Spanien zu treffen in seinen belgischen Besitzungen, die zugleich Sprungbrett und Festung des Westen waren. Das war der Grund des rücksichtslosen Bombardement Brüssels im August 1695 durch den französischen Marschall de Villeroi.

Die Bilanz dieses Bombardements – 3830 Häuser vernichtet, das Rathaus, die Tuchhalle, das schöne "Broodhuis" schwer beschädigt, Kirchen zerstört, prächtige Wohnsitze wie die "Hôtels" der Familien Bergeyck oder Arschot von Kanonenkugeln getroffen und durch Feuer vernichtet.

Über den mutigen und wohl überlegten Wiederaufbau der Hauptstadt berichtet der Historiker Louis Verniers. Er schreibt, dass die Hilfeleistungen für die Getroffenen sehr bald organisiert wurden. Lebensmitteltransporte wurden durch den Adel, kirchliche Würdenträger und durch die grossen Städte von Brabant (Antwerpen, Mechelen und Löwen) geschickt. Die Brüsseler Stadtbehörden, untergebracht im Hotel "Van Ursel" und in anderen Privatwohnungen, begonnen sofort mit den Aufräumungsarbeiten in den betroffenen Bezirken.

Zur Vermeidung von Verkehrsstauung wurde beschlossen, dass die Karren beim Aufräumen der Trümmer einen bestimmten Weg zu den betroffenen Bezirken und einen anderen aus diesen Bezirken heraus nehmen sollten. Das dürfte die erste Anwendung des Einbahnverkehrs gewesen sein, der jetzt in Strassen mit lebhaften Verkehr in Kraft ist. Bei dieser Gelegenheit wurde auch manche Strasse dicht am Grossen Markt (u.a. die rue au Beurre, rue de la Colline und rue des Chapeliers) begradigt, verbreitet und höher gelegt. Auch wurden die Häuser nach bestimmten Vorschriften wieder aufgebaut ohne Behinderung des freien Durchgangs durch Vorbauten und mit bis auf den Grund reichende Dachrinnen. Zur Förderung des Wiederaufbaus gestattete die Stadtverwaltung, Bäume im Zonienwald zu fällen. Weiter wurde Brüssel auf drei Jahre von Steuern und Einfuhrzöllen für Material zum Wiederaufbau befreit. Auch wurde ein Höchstpreis für Bauholz und anderes Baumaterial festgesetzt.

puesto que escribe tanto en francés como en flamenco, es el autor del "Wilhelmus", canto nacional de Holanda.

Después de las horas dramáticas de fines del siglo XVI, Bruselas empobrecida, desgarrada entre las facciones, agobiada por los impuestos y desollada por la milicia, vislumbra la esperanza de recobrar su prosperidad gracias a los archiduques Alberto e Isabel.

Estos reinarán de 1598 a 1633, juntos primero, y luego, de 1621 a 1633, Isabel habiendo enviudado, gobernará sola el país.

En Europa, las guerras vuelven a encenderse sin discontinuar. ¿Su causa? La voluntad francesa de no ver jamás al reino de Luis XIII y Luis XIV asido en unas tenazas cuyos dientes serían Madrid, uno, y Viena, otro.

Pero España, de la cual depende Bruselas, sufre graves reversos en los océanos, su ruta americana del oro se halla a menudo cortada por los corsarios ingleses u holandeses, sus ejércitos se agotan. Richelieu primero, los generales de Luis XIV después no tienen más que una sola meta: dar un golpe a España a través de esta Bélgica que constituye a la vez su trampolín y su plaza fuerte en Occidente.

Así se explica el implacable bombardeo que el mariscal francés de Villeroi inflige a Bruselas en agosto de 1695.

¿El resultado? 3.830 casas destruidas, el Ayuntamiento, el Mercado de los Paños, la bella Casa del Rey, muy deteriorados, iglesias derrumbadas, lindísimas mansiones como las de los Bergyck o de los Arschot acribilladas de balas de cañón o arrasadas por el fuego. El historiador Louis Verniers relata lo que fue la valiente e inteligente reconstrucción de la capital.

Nos dice que, rápidamente, fueron llevados socorros a los damnificados. Convoyes de víveres fueron enviados por la nobleza, dignatarios eclesiásticos y por las grandes ciudades de Brabante (Amberes, Malinas y Lovaina). El Magistrado, provisionalmente instalado en la residencia de Ursel y en otras casas privadas, emprendió trabajos de descombro en la zona devastada. Con el fin de evitar los embotellamientos, fue prescrito que los volquetes que iban a llevarse los escombros seguirían una vía, y otra para volver. Este es el primer caso de aplicación, en Bruselas, del sistema de "una vía" actualmente impuesto a la circulación de vehículos en las calles de mucho tráfico. Aprovecharon las circunstancias para rectificar, ensanchar y elevar ciertas calles aledañas a la Plaza Mayor (principalmente las calles "au Beurre", "de la Colline" y "des Chapeliers" respectivamente), para reedificar, según ciertas prescripciones, las casas sin saliente a la vía pública y provista, de ahora en adelante, de desaguaderos canalizando las aguas de lluvia hasta el nivel del suelo.

Con la finalidad de incrementar la reconstrucción, el Gobierno autorizó la Ciudad a practicar talas en el bosque de Soignes y la exentó, por un plazo de tres años, de cargas e imposiciones a la entrada en el país y la ciudad de todos los materiales destinados a la reconstrucción de los edificios destruidos. Igualmente permitió el establecimiento de un precio máximo de la madera de construcción y otros materiales.

En esta época, un preclaro hombre de estado, el conde de Bergeyck reúne en Bruselas delegados de todas las provincias belgas para resucitar la vida económica. Uno de estos notables dirá: "Debemos considerar a nuestro país como una sola y misma ciudad y trabajar conjuntamente para su prosperidad". A comienzos del siglo XVIII, Bruselas que, de

In the early years of the 18th century Brussels, now under Austrian rulers, is a pretty city.

Let us take a look at it. Its population totals 50,000. The Grand'Place has just been rebuilt. We discover the théâtre de la Monnaie, the rue Haute and the rue Blaes, Trinity church where the Groenendael monks are in charge. On festive occasions, announced with a full peal, they distribute sugar-coated biscuits called "pains de la rue Fossé-au-Loups"—"Wolvengracht" in Flemish, a term that, by a strange bilingual metamorphosis, will be turned into "pain à la grecque".

Butter comes from farms in Saint-Gilles. The ponds at Ixelles are the scene for Sunday family outings.

The "Guide fidèle", published in those days, says: "Along the ponds at Ixelles there are wide gardens with numerous hedge-rows and other greenery, brooks, lanes, and large trees, where people of both sexes take their pleasure in music and dancing, in order to sustain their natural cheerfulness."

Some ten monasteries are scattered in the near-by forêt de Soignes, where a great number of stags and boars live in the brushwood.

Henri Carton de Wiart provides the following description of the way of life in Brussels: "Life takes a somewhat sleepy course; parish bells mark the beginning and the end of work. The baker sounds a little trumpet to announce that his bread is out of the oven. After attending morning mass in their traditional Brabant cloaks, mother and daughter return to their home, where everything is in shining order and cleanliness, to do their needle-work and housework. At nightfall the men are meeting in tap-rooms, around polished tables. There, they drink and smoke in short puffs, playing cards and chatting until curfew. How pleasant it is to relax and breathe in peace, after all the shocks and ordeals of that unhappy century! The art of tapestry is falling-off. On the other hand the dye-works, breweries and tan-yards are in full operation along the Senne, in a swirl of dams and rotating paddles".

Coach-building workshops enjoy a high reputation. Some banks are facilitating the business flow. One of them, owned by Mathias Nettine, and located in the rue des Longs Chariots, was to become the first bank in the Netherlands.

The common people still are simple-minded, and the poor are numerous. Charity and convents are fulfilling the function of public assistance services.

Well above a middle-class of manufacturers, traders, and shopkeepers, there is a social, highly self-conscious élite, with the lawyers of the "Conseil de Brabant" and the collateral Councils in the lead. They live well, and eat abundantly, for to them the good life is both a material and a moral issue. The top layer consists of a few highly aristocratic families; they have considerable incomes, and are spending most of their time on their country estates.

The man, however, who between 1740 and 1780 put his mark on life in Brussels was the governor of Belgium: Charles of Lorraine.

Charles was not merely a merry table companion and a ladies' man.

He took a keen interest in Belgium's economic development. Just a couple of figures: on his appointment as governor the country has one hundred km of good roads. In 1780, there will be one thousand km of them.

Brussels has three newspapers, published daily, in theory, for they are being printed in cellars down the Montagne de la Cour, and after torrential rains they fail to appear "by reason of the untimely and fatal rush of the flood", as stated in one of them.

Zu Beginn des 18. Jh. war Brüssel, das künftig österreichische Machthaber hatte, eine schöne grosse Stadt geworden.

Machen wir einen kleinen Spaziergang durch die Stadt. Sie zählt 50.000 Einwohner. Der Grosse Markt ist wieder vollständig aufgebaut. Die Stadt hat ihre Muntschouwburg (Opernhaus), die rue Haute und die rue Blaes, die Dreifaltigkeitskirche der Mönche von Groenendaal. An grossen Festtagen verteilen diese gezuckertes Gebäck, im Volksmund "broden van de Wolvengracht" genannt, und durch unsere fröhliche Zweisprachigkeit in "pain à la grècque" umgetauft. Die Butter wird durch die Bauernhöfe von Sint-Gillis geliefert. Sonntags machen die Familien Ausflüge ans Ufer der Teiche von Elsene. Der "Guide fidèle", der damals erschien, erzählt: Längs der Ufer der Teiche von Elsene erstrecken sich grosse Gärten, bewachsen mit Hagebuchen in vielen Varianten beschnitten und anderen Gewächsen, mit grossen Bäumen und durchschnitten von Bächen und Alleen. Das Volk geniesst Musik und Tanz und erhält so seine angeborene Fröhlichkeit.

In dem dicht dabei gelegenen Zonienwald lagen mehrere Klöster. In dem dichten Gebüsch lebten zahlreiche Hirsche und Wildschweine. Ein Bild des täglichen Lebens in Brüssel gibt Henri Carton de Wiart: "Das Leben verläuft ziemlich verschlafen. Die Kirchenglocken regeln Beginn und Ende der Arbeitszeit. Der Bäcker bläst auf einer kleinen Trompete, um anzukündigen, dass sein Brot gebacken ist. Gehüllt in den altbrabantischen Kapuzmantel kehren Mutter und Tochter aus der Frühmesse in ihr Heim zurück, wo alles von Ordnung und Sauberkeit glänzt. Sie beschäftigen sich dann mit Handarbeiten und den üblichen Arbeiten im Haushalt. Zur Abenddämmerung kommen die Männer in ihren Stammschenken zusammen. Sie trinken und rauchen mässig ihre Pfeife und bleiben bei Kartenspiel und Geplauder bis zum Läuten der Abendglocke. Welch eine Freude, nach all den Unruhen und Heimsuchungen des unheilvollen Jahrhunderts aufs Neue zu beginnen, frei atmen zu können!

Die Wandteppichweberei verfällt. Dagegen sind die Färbereien, Brauereien und Gerbereien am Ufer der Senne besonders geschäftig."

Die Stellmacherei war in voller Entwicklung. Einige Banken sorgten für den glatten Verlauf des Handels. Eine davon, die Bank von Mathias Nettine in der Lange Wagenstraat, wurde bald die bedeutendste Bank der Niederlande. Das einfache Volk blieb ungehobelt. Es gab Arme in grosser Zahl. Armentische und die Klöster nahmen für sie die Aufgabe wahr, die unsere heutige Sozialfürsorge hat.

Über der kleinen und mittleren Bürgerschaft hatte sich eine soziale Elite gebildet, die auf ihre Wichtigkeit stolz war und in der die Jesuiten vom Rat von Brabant und die "Collateralen" Räte eine hervorragende Rolle spielten. Man lebte gut in diesen Kreisen, ass und trank im Überfluss. "Gutes Leben" hat hier sowohl physische wie moralische Bedeutung.

Auf allerhöchster Ebene bewegten sich einige Familien von hohem Adel. Sie verfügten über bedeutende Einkommen und lebten den grössten Teil des Jahres auf ihren Landgütern.

Doch der Staatsmann, der in der Periode 1740 bis 1780 das Leben in der Hauptstadt am meisten beeinflusste, war der Gouverneur von Belgien, Karl von Lothringen.

Karl von Lothringen war ein fröhlicher Tischgenosse und ein galanter Gefährte. Sein grosses Interesse für den wirtschaftlichen Aufstieg Belgiens zeigt wohl die Tatsache, dass 1740, als er zum Gouverneur ernannt wurde, Belgien nur über 100 km gute Strassen verfügte, gegenüber 1000 km in Jahr 1780.

---

ahora en adelante, tendrá soberanos austríacos, se ve hermosa.

¿Un paseito por la ciudad? Cuenta con cincuenta mil habitantes, su Plaza Mayor recién reconstruida, su teatro de la Monnaie, su calle Haute y su calle Blaes, su iglesia de la Trinidad desempeñada interinamente por los monjes de Groenendael que distribuyen, cuando las fiestas de carillón, galletas azucaradas a las que llaman panecillos de la calle "Fossé-aux-loups", en flamenco: del Wovengracht, que nuestro bilingüismo transformará alegremente en "panecillos a la griega".

La mantequilla nos llega de las granjas de Saint-Gilles, y es en Ixelles, a lo largo de los estanques, que las familias van a pasear los domingos. "Le Guide Fidèle" (El Guía Fiel), editado en la época, nos dice: "A orillas de los estanques de Ixelles se extienden vastos jardines adornados de glorietas y follajes, riachuelos, alamedas de altos árboles donde el pueblo de ambos sexos se recrea escuchando música y bailando, como para mantener la alegría que le es natural".

En el bosque de Soignes, muy cercano, están diseminados una decena de monasterios y, en la maleza, viven numerosos ciervos y jabalíes. Es Henri Carton de Wiart quien nos describe la existencia de los mismos Bruselenses: "La vida transcurre un poco amodorrada, las campanas parroquiales regulando el comienzo y el final del trabajo. El panadero da un toque de trompetilla para anunciar que su pan ha salido del horno. Después de la misa matutina, donde van envueltas en la antigua manta brabanzona, la madre y la hija vuelven a casa donde todo resplandece de orden y nitidez, para dedicarse a sus labores domésticas o de aguja. Al atardecer, los hombres se reúnen en cafetines en torno a las mesas enceradas. Ahí beben y fuman a boqueaditas, se entretienen con los naipes y charlan hasta que den el toque de queda. ¡Qué alegría poder respirar sin fiebre después de un siglo de duras pruebas!"

La tapicería de arte está declinando. En cambio, en el remolino de las represas y el girar de los álabes, trabajan activamente las tintorerías, cervecerías y curtidurías a orilla del Senne.

Los talleres de carrocería ven extenderse su reputación. Algunos bancos facilitan el movimiento de los negocios. Uno de ellos, el de Mathias Nettine, establecido en la calle "des Longs Chariots", pronto se convertirá en el primero de los Países Bajos.

La plebe ha quedado tosca y son muchos los menesterosos.

Las mesas de beneficencia y los conventos desempeñan para ellos las funciones que hoy tiene nuestra Comisión de asistencia pública.

Por encima de una pequeña y mediana burguesía de fabricantes, negociantes y tenderos, se ha formado una élite social muy consciente de su importancia y en que los juristas del Concejo de Brabante y de los Concejos colaterales desempeñan los papeles principales. Esta élite vive bien y come copiosamente, el bien vivir debiéndose entender aquí tanto en lo físico como en lo moral. En la más alta de las capas sociales, algunas familias de gran nobleza disponen de rentas importantes y pasan la mayor parte del año en sus dominios.

Pero el hombre de Estado que marca hondamente la vida bruselense, de 1740 a 1780, es el gobernador de Bélgica: Carlos de Lorena.

Carlos de Lorena no sólo tiene buen diente y galante compañía. Se interesa muy de cerca por el incremento económico de Bélgica. Una cifra: cuando es nombrado gobernador, en 1740, hay en nuestro país 100 kilómetros de buenas carreteras. En 1770, contará con mil.

Bruselas tiene tres periódicos que, en teoría, salen diariamente, pero como se imprimen en unos sótanos,

Charles of Lorraine is interested in everything, and wants to perform experiments of all kinds. He orders the import of silk worms from France, hoping to transform Brussels "into a new Lyon, and thus increase prosperity".

In Tervueren the governor puts up the money for the manufacture of the in those days highly fashionable calico prints. He delights in watching the activities of two powerful Belgian capitalists: M. Desandrouins, who works cool-mines, and M. Romberg, an Ostend ship-owner, whose fleet includes some hundred units of various tonnage, providing work for 2,000 sailors.

His interest for business matters, however, does not prevent the governor from playing the part of a patron and a philanthropist.

As a patron he was to make available to scientists, professors and students the superb collections of the famous Library of Burgundy. As a philanthropist he was to create several orphanages.

A few statistical data show how blessed the forty years of Charles of Lorraine's "reign" have been. In 1740, there were 100,000 beggars in the country.

By 1780, their number had dwindled to 15,000, including a number of professional tramps, social misfits, and harmless half-crazy people.

In 1769 the governor gave his full support to a major project of Empress Maria-Theresia: the establishment, in Brussels, of an Academy for the Arts, Letters, and Science.

Its first permanent secretary was the erudite canon Joseph Gérard.

After Charles of Lorraine, the benefactor, the emperor Joseph II wanted to force on to the Belgians reforms which interfered with their traditional liberties.

The situation deteriorated in 1789, when the Brussels people revolted against Joseph II.

December 18, 1789: the three colours of Brabant are floating from the balconies of the capital. Seated in a gilded coach and escorted by the halberdiers of the Austrian governors, the Brabant leader Henri van der Noot is on his way to a "Te Deum" in St. Gudule, to celebrate his victory over Joseph II.

The crowd cheer their leader who, three weeks later, on January 7, 1790, convokes two hundred representatives from the provinces in the capital, under the motto of "Sovereign Congress".

On January 11, taking the U.S. fundamental charter as a blueprint, the representatives approve a treaty of union between the provinces.

Soon, quarrels and disputes are dividing the young republic of the United Belgian Provinces. The Austrians regain control over Belgium, only to relinquish it to the French armies. Belgium will be incorporated into France until 1814.

On July 21, 1803 Bonaparte, still first Consul, is paying a visit to Brussels. At dusk the city is in a festive mood. Torches are burning, standards are flying. Presents are to be handed to the French visitors. Bonaparte receives a magnificent coach worth 42,000 francs, made by Europe's most famous coach-maker of the day, Simons. Joséphine, flushed with anticipation, opens a box containing a delightful lace dress.

The schedule of the visit to Brussels is a crowded one.

Bonaparte talks with the city's authorities about the "Code Civil", public works, ecclesiastical matters, salaries of the judges. He pays visits to various manufactures, and attends, with Joséphine, three celebrations.

The first one, given in the city hall on July 23, produced an incredible mix-up. Ladies lost their hats and reticules, gentlemen had their suits rent, and outraged

Brüssel besass drei Zeitungen, theoretisch wenigstens, da sie in den tief gelegenen Kellern des Kunstberges gedruckt wurden, erschienen sie nicht, wenn es gegossen hatte. In einer Nummer konnte man dan lesen: "En raison de flot importun et fatal de l'inondation".

Karl von Lothringen, offen für alles Neue, wagte sich an die verschiedensten Experimente. So liess er aus Frankreich Seidenraupen kommen, mit der Absicht "aus Brüssel ein neues Lyon zu machen und so die Wohlfahrt zu fördern".

In Tervuren finanzierte er die Errichtung von Fabriken für fein bedruckten Kattun, sogenannten "Indiennes", ein Artikel, der sehr in Mode war. Ausserdem ermutigte er mit allen möglichen Mitteln die Unternehmungen zweier mächtiger Kapitalisten: auf der einen Seite die des Grubenunternehmers Desandrouins, auf der anderen die des Reeders Romberg, der in Oostende eine Flotte von ca 100 Schiffen besass und ungefähr 2000 Matrosen Arbeit gab.

Doch Karl von Lothringen war nicht nur Förderer der Ökonomie sondern auch Mäzen und Philanthrop.

Als Mäzen öffnete er den Gelehrten, Professoren und Studenten die wertvollen Sammlungen der berühmten Burgundischen Bibliothek; als Philanthrop stiftete er verschiedene Waisenhäuser.

Eine kleine Statistik bestätigt die Wohltaten der vierzigjährigen Regierung von Karl von Lothringen: 1740 zählte Belgien 100.000 Bettler; 1780 waren es nur noch 1500, worunter sicher noch eine Anzahl unverbesserlicher Landstreicher, sozial Unangepasste und ungefährliche Halbidioten waren. 1769 setzte Karl von Lothringen seinen ganzen Einfluss ein, um ein grosses Projekt Maria-Theresias zu verwirklichen: die Stiftung der Akademie für Kunst, Literatur und Wissenschaft. Der erste ständige Sekretär dieser Akademie war der gelehrte Kanoniker Jozef Gérard.

Nach den Wohltaten Karls von Lothringen wollte leider Kaiser Joseph II. Belgien Reformen aufdringen, die die traditionellen Freiheiten Belgiens in Gefahr brachten. Die Situation spitzte sich zu, 1789 kamen die Brüsseler in Aufstand gegen den Kaiser.

Am 18. Dezember 1789 wehte auf allen Balkons die brabantische Trikolore, und thronend in seiner vergoldeten Karosse, geleitet von Hellebardieren unseres österreichischen Gouverneurs, begab sich der brabantische Führer Hendrik van der Noot zu einem Te Deum in der St. Goedelekirche, um den Sieg über Joseph II. zu feiern.

Die Menge jauchzte dem Tribun zu, der drei Wochen später, am 7. Januar 1790, zweihundert Abgeordnete aus den Provinzen nach der Hauptstadt entbot, wo der "Souverein Congres" stattfand. Am 11. Januar stimmten die Abgeordneten der Provinzen einem Einheitsvertrag zu, der in grossen Zügen eine Kopie der Grundverfassung der Vereinigten Staaten von Amerika war. Aber bald brachten Zwietracht und Neid Uneinigkeit in die junge Republik der Vereinigten Belgischen Staaten.

Die Österreicher errangen aufs Neue die Macht in Belgien, doch mussten sie bald darauf vor den französischen Truppen weichen. Bis 1814 war Belgien eine französische Provinz und am 21. Juli 1803 machte Bonaparte, damals noch Erster Konsul, Brüssel einen Besuch.

In der Abenddämmerung badete Brüssel richtig in einer Feststimmung mit Fackeln, Flaggen und Geschenken für die französischen Gäste. Bonaparte erhielt eine prächtige Kutsche im Werte von 42.000 Franken, eine Arbeit Simons, des berühmtesten europäischen Stellmachers dieser Zeit; Josephine, die vor Freude errötete, wurde ein wunderschönes Spitzenkleid überreicht.

en la parte baja de la "Montagne de la Cour", no salen cuando ha caído un aguacero: "Por motivo del flujo importuno y fatal de la inundación", como lo anuncia uno de ellos.

Carlos de Lorena, curioso de todo y resuelto a entregarse a las más diversas experiencias, encarga gusanos de seda a Francia, pues cree poder transformar a Bruselas: "En una nueva Lyon y así aumentar su prosperidad".

En Tervueren, el gobernador costea el establecimiento de fábricas de indianas, estos tejidos tan en boga entonces y asiste, cautivado, al desarrollo de las empresas de dos pudientes capitalistas belgas: el señor Desandroins que explota minas y el señor Romberg, un armador que, en Ostende, posee un centenar de navíos de diversos tonelajes y que proporciona trabajo a 2.000 marineros. Pero el interés que pone el gobernador en los negocios no le impide ser a la vez mecenas y filántropo.

Mecenas, pues abre a los eruditos, profesores y estudiantes las espléndidas colecciones de la célebre Biblioteca de Borgoña; filántropo, puesto que crea varios orfanatos.

Una breve estadística ilustra la bonanza de los cuarenta años de "reinado" de Carlos de Lorena: en 1740 contaban a 100.000 mendigos en el país.

En 1780, se empadronan 1.500 y entre éstos, por cierto, numerosos mendigos profesionales, inadaptados sociales, semilocos generalmente inofensivos.

En 1769, el gobernador sostiene sin reserva la realización de un gran proyecto de la emperatriz María Teresa: la fundación en Bruselas de una Academia de Artes, Letras y Ciencias.

Después del tan benéfico Carlos de Lorena, el emperador José II quiso imponer a los Belgas reformas que cohiben sus libertades tradicionales. La situación empeora y en 1789, los Bruselenses se sublevan contra José II. 18 de diciembre de 1789: en todos los balcones de la capital ondean los tres colores de Brabante y, sentado en una carroza dorada, escoltado por los alabarderos de nuestros gobernadores austríacos, ¿a quién vemos? Pues sencillamente al líder brabanzón Henri van der Noot yendo a un Te Deum en Santa Gúdula para celebrar su triunfo sobre José II.

El gentío aclama al tribuno que, tres semanas más tarde, el 7 de enero de 1790, convoca a doscientos diputados de las provincias en la capital, bajo el nombre de "Congreso soberano".

El 11 de enero, imitando la Carta fundamental de los Estados Unidos, los representantes votan un tratado de unión entre las provincias. Pronto querellas y antagonismos vienen a dividir la joven república de los Estados Bélgicos Unidos. Los Austríacos recobran el poder en Bélgica pero tendrán que abandonar ésta a los ejércitos franceses. Hasta en 1814, Bélgica será anexada a Francia. El 21 de julio de 1803, Bonaparte, todavía primer cónsul, visita a Bruselas.

Al atardecer, la ciudad está de júbilo; antorchas, estandartes, regalos para los huéspedes franceses: Bonaparte recibe un soberbio coche de 42.000 francos, obra del famoso carrocero Simons, el primero de Europa en esa época, y Josefina, sonrosada de placer, abre una caja conteniendo el más lindo de los vestidos de encajes.

El programa de las jornadas bruselenses está muy cargado.

Con las autoridades de la ciudad, Bonaparte se informa del Código civil, de los grandes trabajos, de las necesidades del pueblo, de los procedimientos de la magistratura. Visita varias manufacturas y con Josefina asiste a tres fiestas.

La primera, el 23 de julio, en el Ayuntamiento, fue un increíble tumulto en el que damas perdieron sombrero y bolso, caballeros salieron con el frac

generals saw the melting wax of candles drip on their brand-new epaulets.

This somewhat undignified happening was followed, on July 23, by a more formal ball, organised by the aristocracy. Concert, fireworks, various shows took place on the 29th in the Park, and were a huge success.

Bonaparte had gone out of his way to win everybody's goodwill.

Paul Verhaegen records that he attended, on Sunday, July 24, high mass in St. Gudule, celebrated by archbishop de Roquelaure, taking his seat under the royal canopy. According to Madame de Rémusat he had made inquiries about the protocol of a visit to the collegiate church by Charles the Fifth, and had entered the sanctuary through the same gate used by the emperor. During his inspection of the Lycée he had emphasized the necessity of religious teaching for the pupils. He had given 8,000 francs towards the restoration of St. Gudule, and 5,000 francs to the Black Nuns. Acceding to repeated requests received in Brussels, and to pleas registered in the course of his voyage, he had issued several measures of redress under a Brussels date-line: radiation of many names of Belgian citizens from the lists of political exiles; cancellations of sequestrations affecting the estates of a great number of absentees; restitutions to church councils of their alienated properties (7 Thermidor, An XI); orders for settling the accounts of the Republic of Belgium, and for the debts incurred by the Belgian boroughs (9 Thermidor, An XI). He also took the decision in principle for an important set of public works: the canal Brussels-Charleroi. He further arranged for important commissions to Simons, the coach-maker, and to lace manufacturers.

The Empire is established in 1804. What about Brussels at that moment?

The city has a population of 80,000, there are 282 streets, 16 market places, and 19 squares.

The Parc Royal is laid-out between the rue de Bellevue, the rue Ducale, the rue de la Loi, and the rue Royale.

The rue de la Loi, however, is a blind alley. One reaches St. Gudule through the Mont-du-Parc and the rue de la Chancellerie.

The Place Royale, completed in 1785, was identical to its present aspect: its classical features, though uninspiring, are rather imposing.

To reach the Porte de Namur, leading on to a causeway towards the village of Ixelles, one takes the rue du Coudenberg,—the present rue de Namur.

The city is walled in by crumbling ramparts built in the 14th century. The ditches are full of big eels, croaking frogs, and bronze-coloured carps.

The usual Sunday walk takes the citizens to the old walls; a wide road runs along them, planted with fragrant lime-trees.

Schaerbeek is merely a small group of mud-walled farms. At Ixelles, there are pleasure gardens and thatched cottages around the ponds. Etterbeek also is very rural. Saint-Gilles houses workmen, craftsmen and farmers, on today's pattern at Beersel.

In the Senne valley there are cloth-works from which M. Schavye derives his wealth.

A dangerous hide-out for swindlers and outlaws is the Linthout wood, of which the present convent of the Sacred Heart is the last peaceful remnant.

Then there is the superb "forêt de Soignes", traversed by a bad road leading on to the plateau of Mont-Saint-Jean, and the village of Waterloo.

The history of Brussels is many-sided.

There is a residence, in the rue Royale, that was occupied, in 1790, by Marie-Louise de Rohan-Soubise, the victim in the famous "affaire du collier".

Die Brüsseler Tage waren mit einem reichen Programm ausgefüllt. Mit den Stadtvertretern beriet Bonaparte sich über das bürgerliche Gesetzbuch, die grossen Unternehmungen, die Probleme des Gottesdienstes, die Gehälter der Magistratsmitglieder. Er besuchte verschiedene Manufakturen und wohnte, zusammen mit Josephine, drei Festen bei.

Das erste, am 23. Juli im Rathaus, endete in einer unbeschreiblichen Verwirrung. Damen verloren Hut und Handtasche, Fräcke und Anzüge der Herren waren zerrissen und beschädigt, Generäle waren wütend wegen des geschmolzenen Kerzenwachses auf ihren nagelneuen Epauletten.

Nach diesem recht Bruegelschen Krimes, verlief der Ball des Adels am 27. Juli doch viel würdiger. Aber das Fest im Park am 29. Juli wurde ein Triumph: Konzert, Feuerwerk, verschiedene Vorführungen und allgemeine Fröhlichkeit.

Man muss sagen, dass Bonaparte alles getan hatte, um die Einwohner für sich einzunehmen. Nach dem Bericht von Paul Verhaegen wohnte er am Sonntag, den 24. Juli der Hochmesse in der St.-Goedelekirche bei, die durch den Erzbischoff de Roquelaure zelebriert wurde. Er nahm Platz unter dem Baldachin der Fürsten. Nach Mitteilung der Madame de Rémusat soll er sich für das Zeremoniell haben inspirieren lassen durch jenes, das bei der Hochmesse Kaiser Karls befolgt wurde. Insbesondere achtete er darauf, die Kirche durch dieselbe Tür zu betreten, die auch der Kaiser benutzt hatte. Beim Besuch des Lyzeums legte er besonders Nachdruck auf die religiöse Erziehung der Schülerinnen. Er gab 8000 Franken für die Restaurierung von St.-Goedele und 5000 Franken für das Kloster der Schwarzen Schwestern.

Auf seinen Reisen und in Brüssel selbst waren wiederholt Bitten und verschiedene Anliegen an ihn herangetragen worden. Daher hob er von Brüssel aus durch verschiedene Massnahmen die früheren Beschlüsse auf: Er strich zahlreiche belgische Namen von der Liste der Ausgewiesenen, hob die Sequestration von Gütern zahlreicher Abwesender auf; gab Kirchengüter zurück (7. Thermidor, Jahr XI); befahl die Tilgung der Schulden der Republik in Belgien und der Schulden der belgischen Gemeinden (9. Thermidor, Jahr XI.). Er machte auch den Anfang mit einem grossen, öffentlichen Unternehmen: dem Bau des Kanals Brüssel – Charleroi.

Schliesslich wurden bedeutende Aufträge an die Stellmacherei Simons und an die Spitzenmanufakturen erteilt.

1804 wurde das Kaiserreich aus der Taufe gehoben. Was war inzwischen aus Brüssel geworden? Die Stadt zählte nun 80.000 Einwohner, 282 Strassen, 16 Märkte und 19 Plätze.

Der königliche Park war bereits entworfen: ein grüner, geometrischer Smaragd zwischen der rue Bellevue, rue Ducale, der rue de la Loi und der rue Royale. Die rue de la Loi war eine Sackgasse; und wenn man zur St.-Goedelekirche wollte, musste man den Weg längs den Mont-du-Parc und die rue de la Chancellerie nehmen. Die Place Royale, fertiggestellt 1785, sah aus wie heute: ein schönes, klassisches, mehr Corneillianisches Gedicht, ohne Leidenschaft, doch nicht ohne Grösse. Die Regentiestraat existierte noch nicht. Wollte man zur Porte de Namur, von wo die Landstrasse zum Dorf Elsene führte, musste man die rue du Coudenberg, die heutige rue de Namur nehmen.

Die Stadt war von einer stark verfallenen Festungsmauer umgeben. Sie stammte aus dem 14. Jh., krachte in allen Fugen, bekam Risse, stürzte an vielen Stellen ein. In den Festungsgräben versteckten sich enorme Aale, quakende Frösche und bronzegrüne Karpfen. Der übliche Sonntagsspaziergang ging längs der alten

rasgado y unos generales furiosos vieron la cera de las velas derretirse sobre sus charreteras nuevecitas.

Después de esta muy bruegheliana kermesse, el baile de la aristocracia, el 27, resultó más digno, pero el 29, en el Parque, fue un triunfo: concierto, fuegos artificiales, espectáculos variados y alegría universal.

Cierto es que Bonaparte había hecho cuanto podía para conciliarse todas las simpatías.

Como lo cuenta Paul Verhaegen, había asistido, el domingo 24 de julio, a la misa mayor celebrada en Santa Gúdula por el arzobispo de Roquelaure; Bonaparte se había puesto debajo del dosel reservado a los monarcas. Según la señora de Rémusat, se había informado del ceremonial observado durante una visita de Carlos Quinto a la colegiata, y hubiera puesto cuidado en entrar por la misma puerta que el emperador. Inspeccionando un liceo, había insistido en las prácticas religiosas que se les debía enseñar a los alumnos. Había dado 8.000 francos para restaurar Santa Gúdula y 5.000 francos a las religiosas, las Hermanas Negras. Accediendo a las reiteradas demandas que le eran dirigidas en Bruselas, así como a las solicitaciones oídas varias veces durante su viaje, dató desde Bruselas distintas medidas reparadoras: cancelación de numerosos nombres de Belgas figurando en la lista de los emigrados; supresión del embargo establecido sobre los patrimonios de muchos ausentes; restitución de sus bienes a las fábricas de iglesias (7 Termidor, año XI); orden de liquidar las deudas de la República en Bélgica y las deudas de los municipios de Bélgica (9 Termidor, año XI). Decretó también el principio de una gran empresa de obras públicas: el canal de Bruselas a Charleroi. En fin, fueron pasados importantes encargos a los talleres del carrocero Simons y a las manufacturas de encajes.

El Imperio nace en 1804, pero ¿ qué es de Bruselas? La ciudad cuenta entonces con 80.000 habitantes, 282 calles, 16 mercados y 19 plazas. Ya está el parque real engarzado, como una verde y geométrica esmeralda, entre las calles "de Bellevue", "Ducale", "de la Loi" y "Royale". Pero cuidado: la calle "de la Loi" se acaba en callejón sin salida y si queremos bajar hacia Santa Gúdula, tendremos que ir por el "Mont-du-Parc" y la calle "de la Chancellerie".

La plaza Real, terminada en 1785, es idéntica a la de hoy día: un bello poema clásico más corneliano que raciniano, sin pasión pero no sin grandeza. La calle "de la Régence" aun no existe.

Para llegar a la puerta de Namur, que se abre sobre una calzada que lleva a la localidad de Ixelles, será preciso tomar por la calle del "Coudenberg", actual calle de Namur.

La ciudad está cercada por una muralla demasiado antigua: se remonta al siglo XVI. Se agrieta, se desmorona por doquiera y sus zanjas abrigan anguilas enormes, croadizas ranas y carpas color de bronce.

El domingo, el paseo habitual consiste en dar la vuelta a las antiguas murallas que bordea un ancho camino sombreado de tilos olorosos.

En Schaerbeek, no se ven más que algunas granjas de adobe; en Ixelles, los estanques son bordeados de merenderos y chozas; Etterbeek también es muy rural; en Saint-Gilles viven obreros, artesanos y campesinos, un poco como el Beersel de hoy.

En el valle del Senne, están establecidas las fábricas de textiles que hacen la fortuna del Señor Schavye.

Un sitio peligroso, verdadera guarida de rateros y granujas: el bosque de Linthout cuyo parque del actual convento del Sagrado Corazón es el muy apacible vestigio.

Una floresta magnífica: la de Soignes en que serpentea una mala ruta que conduce hacia la meseta de Mont-Saint-Jean y el pueblo de Waterloo...

The old palace of Charles de Lorraine has been turned into a museum and a library, with 120,000 books.

The "better people" live in the Parc royal area.

Snobs have to show themselves—either walking, on horseback, or in a carriage—at the Allée Verte along the Willebroeck canal.

One counts up to 1,000 pedestrians, and 500 four-wheeled carriages, governess-carts, or gigs there.

At the Monnaie one can take a cab for 1 franc per trip.

It takes forty hours in a stage-coach to travel from Brussels to Paris.

Brussels is a gay city, in the popular districts façades are painted in green, pink, and yellow.

A dozen of good hôtels offer full board at 6 francs per diem. Evening dinner, inclusive of wine, costs 3 francs.

Tap-houses dispense beer from Louvain, coffee, and punch.

As to the actors on the stage, Belgian ladies, in those days, still are wearing the black faille inherited from the Spanish period. Dresses are high-waisted, after the Roman fashion launched by the Empire modellers.

In the Winter, smart ladies wrap themselves up in fur coats; in the Summer, they favour a square décolleté "à l'effronté"

The men have given up short boots and small-clothes for long trousers with straps.

Evening dresses have wide lapels, and top hats are on the "blunderbuss" pattern.

Wide ties, in white, black, or flower-dotted silk, are tied majestically around the neck.

A commentator in the popular "Journal de Belgique" addresses a sharp rebuke to the young men who indulge in too aggressive moustaches: "It is rather strange that this purely military fashion should spread more than ever before, now that there no longer is any danger of war, and that one is misled daily in taking an apothecary hand, or a sollicitor's clerk for a captain of the hussars or the grenadiers".

Brussels, June 15, 1815, 9 a.m.. Wellington's office, in the rue Royale. A rider dismounts, and addresses the sentry: "an urgent message for Mylord Wellington"

One minute later the English general learns that Bonaparte is advancing on Belgian territory without encountering resistance.

Wellington dispatches couriers all over Brussels. He dictates orders throughout the morning.

3 p.m.: the generalissimo finishes his lunch, and is putting down his glass of brandy, when count de March announces:

"The Prussians, attacked at Charleroi, are retreating towards Sombreffe".

7 p.m.: Wellington distributes marching orders to the officers of all his divisions.

His face is unperturbed. He opens his thin lips only to give very precise, short-worded orders.

Horsemen are leaving the rue Royale headquarters; the hoofs of their horses are resounding on the pavement, but the good Brussels bourgeois is not worrying much about all this coming and going. He is saying to his wife: "Another good-looking officer, on his way to the ball at the Duchess of Richmond's".

The great Waterloo ball, of love and death, is in full swing in an old residence, rented by the Richmonds from Simons, the coach-maker, in the rue de la Blanchisserie.

The dance hall is adorned with wallpaper showing a rose-decorated lattice.

At precisely 11 p.m., Wellington enters. He is being

Mauern, die mit einem breiten, von duftenden Linden überschatteten Weg gesäumt waren. Schaarbeek hatte nur einige Bauernhöfe mit Lehmmauern. Rings um die Teiche von Elsene standen Schenken und Hütten. Etterbeek sah ebenso ländlich aus. In St.-Gillis lebten vor allem Arbeiter, Handwerker und Bauern, etwa so wie im jetzigen Beersel. Im Sennetal befanden sich zahlreiche Webereien, die den Reichtum der Familie Schavyve ausmachten. Eine gefährliche Gegend, ein echter Schlupfwinkel für Schurken und Vogelfreie war der Wald von Linthout, wovon der heutige Heilig-Hart-Park noch ein sehr friedliches Überbleibsel ist. Einen prächtigen Wald an den Toren Brüssels gab es auch noch: der Zonienwald, durchquert von einer schlechten Strasse, die nach dem St.-Jansberg und dem Dorf Waterloo führte.

Brüssel hatte seine Geschichte, sein Geheimnisse, seinen Glanz. In einem Herrenhaus in der rue Royale lebte 1790 Marie-Louise de Rohan-Soubisse, die das Opfer der berüchten Halsbandaffäre wurde. Der alte Palast von Karl von Lothringen war Museum und Bibliothek geworden. Letztere besass 120.000 Bände.

Die Wohlhabenden wohnten in der Umgebung der Place Royale. Sonntagsmorgens flanierten die Snobs zu Fuss, zu Pferd oder in Kutschen auf der Allée Verte, die dem Lauf des Kanals von Willebroek folgte. Man zählte bis zu 100 Spaziergänger und 500 offene Kutschen und Tilburys. An der "Munt" konnte man Mietskutschen bekommen, Tarif 1 Franken per Fahrt.

Die Reise Brüssel-Paris mit der Postkutsche dauerte vierzig Stunden.

Die Hauptstadt wirkte fröhlich. In den Vierteln der kleinen Leute waren die Hausgiebel grün, rosa oder gelb gestrichen. Ungefähr zwölf gute Hotels boten ihren Gästen Vollpension für 6 Franken per Tag. Das Abendessen kostete, Wein einbegriffen, 3 Franken. In den Herbergen trank man Löwener Bier, Kaffee und Punsch.

Welche Schauspieler traten nun auf dieser Bühne auf? Zuerst die Damen: Sie trugen noch die schwarze Mantille, Erbstück der spanischen Besatzung. Die Kleider hatten eine hohe Taille, nach der römischen Mode, die das Kaiserreich eingeführt hatte. Im Winter kleideten sich unsere Schönen mit Pelzmänteln, im Sommer trugen sie viereckige Halsausschnitte "à l'effronté."

Die Männer dagegen hatten auf die niedrigen Stiefel und die enganliegenden Hosen verzichtet. Sie trugen jetzt Hosen mit Fussriemchen. Die Jacke war verziert mit breiten Revers, und die hohen Hüte hatten die Form einer "Donnerbüchse", die sich nach oben zu verbreitet. Die breite, schwarzseidene, weisse oder geblümte Kravatte wurde feierlich um den Hals geknüpft.

Der Chronikschreiber des "Journal de Belgique", einer Zeitung, die fast von jedem gelesen wurde, zeigte sich besonders streng gegen junge Leute mit "Erobererknebel": "Es ist merkwürdig zu sehen, wie diese ausgesprochen militärische Mode stets mehr und mehr Fuss fasst, seitdem wir keinen Krieg mehr zu fürchten haben, und wie man täglich Apothergehilfen oder Schreiber für einen Husaren- oder Grenadierhauptmann an halten versucht ist."

Brüssel, 15. Juni 1815, 9 Uhr morgens: Ein Reiter steigt vor dem Büro von Wellington in der rue Royale von seinem Pferd und meldet sich bei der Schildwache: "Ein dringendes Schreiben für Mylord Wellington". Eine Minute später vernimmt der englische General, dass Bonaparte ohne Widerstand auf belgischem Gebiet vordringt.

Wellington schickt Stafetten in allen Richtungen. Den ganzen Vormittag diktiert er seine Befehle. 15 Uhr: Der kommandierende General der Alliierten

Bruselas tiene su historia, sus secretos, sus esplendores.

En una residencia de la calle Royale, vivió, en 1790, Marie-Louise de Rohan-Soubise quien fuera víctima del famoso "affaire" del collar.

El antiguo palacio de Carlos de Lorena se ha convertido en museo y biblioteca. Cuenta con 120.000 volúmenes.

Si la "gente bien" vive en las cercanías del parque real, los vanidosos se creerían rebajados si no se pavonearan, los domingos por la mañana, ya sea a pie, a caballo o en coche, en la "Allée Verte" (Alameda Verde) que se extiende a lo largo del canal de Willebroeck. Ahí se registran hasta 1.000 paseantes y 500 calesas, cochecitos o tílburis.

Delante de la Monnaie, pueden alquilarse coches de caballos a 1 franco la carrera. Se necesitan cuarenta horas para ir en diligencia de Bruselas a París.

La capital es alegre y en los barrios populares, pintan las fachadas de verde, de rosa, de amarillo.

Una docena de buenos hoteles ofrecen a los viajeros la pensión completa a 6 francos por día y la comida de la noche, incluyendo el vino, cuesta 3 francos. En los cafetines, se bebe cerveza de Lovaina, café y punch.

¿Y los actores que se mueven en este decorado?

Honor a las damas: las Belgas de aquel tiempo llevan todavía la falla negra, herencia de la dominación española. Los vestidos son de cintura alta, según la moda romana puesta en boga por el Imperio.

En invierno, nuestras elegantes se arrebujan en chaquetas de piel, y en el verano, llevan con insolencia el gran escote cuadrado.

En cuanto a los hombres, han renunciado a las botitas y a los pantalones ceñidos y prefieren el pantalón largo de trabilla.

El traje lleva anchas solapas y las chisteras tienen la línea "trabuco", de boca ensanchada.

La corbata ancha y de seda negra, blanca o salpicada de florecillas, se anuda solemnemente alrededor del cuello.

Pero el "Journal de Belgique", leído por todos, tiene a un cronista bastante severo para los jóvenes que ostentan bigotes demasiado provocativos: "Es un tanto singular que esta moda muy militar se haya generalizado más que nunca desde que ya no hay guerra que temer y que, cada día, se nos da el caso de tomar a un pasante de boticario o de abogado por un capitán de húsares o de granaderos".

Bruselas, el 15 de junio de 1815 a las 9 de la mañana, la oficina de Wellington, en la calle Real: un jinete baja del caballo, se presenta al plantón: "Un pliego urgente para Mylord Wellington".

Un minuto después, el general inglés aprende que Bonaparte avanza sin encontrar resistencia, en territorio belga.

Wellington lanza estafetas a los cuatro lados de Bruselas, dicta órdenes durante toda la mañana.

Las 15 horas: el generalísimo aliado acaba de almorzar y apura su copa de coñac cuando el conde de March le anuncia: "Los Prusianos acometidos en Charleroi emprenden la retirada hacia Sombreffe".

Las 19 horas: Wellington distribuye a sus oficiales las órdenes de marcha de todas sus divisiones.

Su rostro permanece impasible. Sus labios delgados y duros no se abren más que para dar instrucciones precisas y muy breves.

Jinetes salen del cuartel general de la calle Real, los cascos de sus caballos resuenan sobre los adoquines, pero los buenos burgueses de Bruselas no se inquietan de este vaivén y dicen a su esposa: "Ahí va otro gallardo oficial al baile de la duquesa de Richmond".

El gran baile de amor y de muerte, el baile de Waterloo que se celebra en la antigua mansión alqui-

welcomed by the adorable Charlotte, eldest daughter of the fourth duke of Gordon, and dearly beloved wife of Charles Richmond.

The duchess's seven daughters, all trim and dressed in white, are expecting their 222 guests, among which there are 52 ladies.

The gathering is contrived and too noisy, for several high ranking officers know perfectly well that Napoleon is a mere 50 km away from Brussels.

They do their best to keep cool, to smile and joke, even to forget the issue in the swirl of the walzes.

At 11.30 p.m., dinner is served on small tables, in the fragrance of flowers and under shining chandeliers.

Guests, from time to time, steal a glance towards Wellington, who is talking to the prince of Orange.

Suddenly, a servant whispers something in the latter's ear.

He leaves the table, turns back, leans towards Wellington, and says, in a low voice: "The French are at Quatre-Bras". To the approaching officers, the general says, loudly: "I have no new orders for you, gentlemen".

In fact, and on the sly, he instructs his generals to start the movements of his armies two hours earlier than laid down.

Nobody has understood Wellington's move; he merely has scribbled his orders on a piece of paper.

Suddenly, in the superb garden of the Richmond residence, the Gordon Highlanders play their march to the officers, many of whom will fall to-morrow, spread-out, their faces against the soil among the corn and in the mud of Waterloo.

As the hall is being deserted, the last, the ultimate walz is to be heard.

What is happening in Brussels after the terrible battle at Waterloo?

In Brussels, several livery-stable keepers are laying on visits to the battle-field.

Departures are at the Marché-aux-Tripes, in front of the St. Nicolas church.

"The outing" costs one napoléon, return, and inclusive.

As the good looking young Brussels girls are shredding linnen, and busy themselves at the bedsides of wounded men of all nationalities, colonel Sir George Wood is counting triumphantly the guns taken from Bonaparte. There are 125 in number, and about 350 powder-chests. The rest has been rapidly taken away by the Prussians, who will have to be cajoled before handing them back.

On July 25, the Allies display, in Brussels, the Emperor's artillery. The show draws a crowd of spectators interested by these huge bronze muzzles, now silenced forever.

Each gun carries a name: la Harpie, l'Impatiente, la Perfide, la Folle, la Gorgone, le Butor, and even... la Caustique.

In 1815, after the downfall of the Napoleonic Empire, Belgium and Holland are united for fifteen years in a single kingdom, under William I of Orange-Nassau.

Brussels, around 1825, has four military barracks, four masonic lodges, three cemeteries, three public libraries, 1,200 lamp-posts, and 12,000 houses.

Works are being bought from artists who are sculpting stones or marmor in the manner of Michel Angelo, or painting canvases in the manner of Rubens. Drawing rooms and dining rooms are being adorned with very weak replicas of works of genius.

Real collectors are unable to find canvases or statues of quality in current production; they begin to explore the past.

beendet sein Mahl und setzt sein Glas Cognac nieder, als der Graf de March ihm mitteilt: "Die zu Charleroi angefallenen Preussen ziehen sich in Richtung Sombreffe zurück". 19 Uhr: Wellington gibt seinen Offizieren Marchbefehl für alle Truppenteile. Sein Gesicht ist unbewegt. Seine dünnen, harten Lippen öffnen sich nur, um Befehle zu erteilen, kurze, aber sehr präzise Instruktionen. Reiter verlassen das Hauptquartier in der rue Royale. Die Hufe ihrer Pferde klappern auf dem Pflaster, aber die guten Bürger finden in diesem Kommen und Gehen nichts Beunruhigendes und sagen zu ihren Frauen: "wieder ein schmucker Offizier, der zu dem Ball der Herzogin von Richmond geht."

Der grosse Ball von Liebe und Tod, der Ball von Waterloo findet statt in der alten Herrenwohnung in der rue de la Blanchisserie, die die Richmonds von dem Stellmacher Simons gemietet haben.

Der Saal, in dem getanzt wird, ist tapeziert mit Papier, das ein rosenverziertes Gitter darstellt. Genau um 23 Uhr erscheint Wellington und wird von der lieblichen Tochter Charlotte, der ältesten Tochter des vierten Herzogs von Gordon und Gemahlin von Charles of Richmond, begrüsst.

Um 23 Uhr 30 wird an kleinen Tischen, beim Duft von Blumen und dem glänzenden Licht der vielen Lüster, diniert. Von Zeit zu Zeit werfen die Gäste einen Blick in Richtung Wellingtons, der in ein Gespräch mit dem Prinzen von Oranien verwickelt ist. Plötzlich flüstert ein Lakei ein paar Worte in das Ohr des Prinzen. Er verlässt den Tisch, kommt ein paar Augenblicke später zurück und sagt mit gedämpfter Stimme zu Wellington: "Die Franzosen sind bei den "Vier Armen", worauf der General den um das Tischchen gescharten Offizieren mit lauter Stimme mitteilt: "Meine Herren, ich habe Ihnen keine neuen Befehle zu geben."

Aber in Wirklichkeit gibt er im Geheimen seinen Generälen Instruktionen, um die vorausgesehenen Truppenbewegungen zwei Stunden früher als geplant auszuführen. Niemand hat das Spiel Wellingtons durchschaut, das daraus bestand, Befehle auf kleine Stückchen Papier zu schreiben.

In dem entzückenden Garten des "Richmondhotels" ertönt plötzlich der Marsch der Gordon Highlanders, dem viele Offiziere lauschen, die morgen, das Gesicht gegen den Grund, die Arme ausgebreitet, in den Kornfeldern und dem Schlamm von Waterloo liegen werden.

Im Saal, der sich nun leert, klingt der letzte, der allerletzte Walzer.

Was spielte sich in Brüssel nach dem furchtbaren Gemetzel von Waterloo ab?

Während die hübschen Brüsseler Mädchen Scharpie zupfen und sich mit den Kranken und Verwundeten beschäftigen, zählt Oberst Sir George Wood begeistert die erbeuteten Kanonen. Es sind 125 Kanonen und ungefähr 350 Munitionswagen. Andere Stücke werden eilends von den Preussen weggeholt, die sie jedoch später widerstrebend zurückgeben müssen.

Am 25. Juli, als die Alliierten in Brüssel die kaiserliche Artillerie zu Schau stellen, drängeln sich die Neugierigen um die grossen, bronzenen, endlich verstummten Kanonenmündungen.

Jede dieser Kanonen trägt einen Namen: "La Harpie", "L'Impatiente", "La Perfide", "La Folle", "La Gorgone", "Le Butor" und selbst "La Caustique".

Die Verantwortlichen wissen sich keinen Rat, wie sie Waffen und Ausrüstungsgegenstände aus den Händen der plündernden Bevölkerung holen sollen.

Die Gemeindeverwaltung entschliesst sich dann ihnen einen guten Preis zu bieten: 3 Franken für einen Helm, 6 Franken für eine Panzerweste.

lada por los Richmond al carrocero Simons, calle "de la Blanchisserie"...

La sala donde se baila es tapizada de un papel que imita una rejilla adornada de rosas.

A las 23 horas en punto, Wellington hace su entrada y es acogido por la encantadora Charlotte, hija primogénita del cuarto duque de Gordon y esposa tiernamente amada de Charles de Richmond.

A las 23 h. 30, cenan por pequeñas mesas en el perfume de las flores y bajo el resplandor de los candelabros.

Pero de vez en cuando, los invitados echan una mirada hacia Wellington quien conversa con el príncipe de Orange.

Repentinamente, un lacayo susurra unas palabras al oído de éste. Deja la mesa, vuelve un rato después y se inclina hacia Wellington para decirle en voz baja: "Los Franceses están en los "Quatre-Bras". Entonces el general declara en voz muy alta a los oficiales que se le han acercado: "No tengo nuevas órdenes que daros, caballeros".

Pero en realidad, a escondidas manda instrucciones a sus generales para adelantar de dos horas el movimiento de las tropas. No se ha percatado nadie del disimulo de Wellington que se ha contentado con garabatear sus órdenes sobre un pedazo de papel.

Además, en el lindo jardín de la casa de Richmond, suena de repente la marcha de los Gordon Highlanders que escuchan tantos oficiales que, mañana, caerán boca abajo, los brazos en cruz, en los trigales y lodazales de Waterloo. Y, en la sala que se vacia, es el último vals.

Después de la tremenda batalla de Waterloo, ¿qué sucede en Bruselas?

Mientras las lindas bruselenses hacen hila y se ajetrean en la cabecera de los heridos de todas nacionalidades, el coronel sir George Wood cuenta, con regocijo, los cañones tomados a Bonaparte. Son 125, más unos 350 furgones. Las demás piezas se las han llevado prontamente los Prusianos que se harán de rogar para restituirlas.

El 25 de julio, los Aliados exponen, en Bruselas, la artillería del Emperador y los curiosos se apretujan en torno a estas bocachas de bronce.

Cada uno de estos cañones lleva un nombre: la Arpía, la Impaciente, la Pérfida, la Loca, la Gorgona, el Cernícalo, e inclusive... la Cáustica.

En cuanto a las armas y objetos de equipaje, las autoridades no saben cómo recuperarlos entre todos los saqueadores. Las administraciones municipales deciden finalmente ofrecer un buen precio: 3 francos por un casco, 6 francos por una coraza.

En 1815, tras la disolución del Imperio napoleoniano, Bélgica y Holanda forman, durante quince años, un reino cuyo soberano es Guillermo I de Orange Nassau.

En Bruselas, hacia el año 1825, hay cuatro cuarteles y cuatro logias masónicas, tres cementerios y tres bibliotecas públicas, 1.200 faroles y 12.000 casas. Se compran obras a los artistas que pintan como Rubens y a los escultores que tallan la piedra o el mármol como Miguel Angel.

Los salones y comedores se adornan de descoloridas imitaciones de los genios de antaño.

A defecto de cuadros o estatuas de gran clase en la producción de la época, los verdaderos amantes del arte miran hacia el pasado.

Bruselas está limpia. Posee lavanderías prósperas y que llevan nombres pintorescos: "Las dos ollas", "El pequeño Jesús", "El malecón", "La bella Blanquita", "La sábana perfecta".

¿Y las calles? Hay la de los Tres Cornudos y la de

Brussels is a clean city. It has a number of prosperous laundry works, with eloquent names: "Les deux bouloires", "Le petit Jésus", "La digue", "La belle Blanchette", "Le drap parfait".

The street names include: rue des trois Cocus, rue de la Belle Futée, rue de la Perle d'Amour and rue du Jardin Rompu.

The rue de la Loi was called rue de Brabant.

The noisy tap-room "Le lion rouge", patronised by cabbies, is located slightly beyond the Porte de Schaerbeek, in open country.

At the corner of the rue Royale there is a smart establishment, "L'auberge du Prince de Galles", where city snobs converge to drink punch and speak an affected, fashionable kind of English.

The Wellington Hotel is the classiest of them all, at number 33 of the present rue Ducale. It is the domain of the smart set. Lord Byron was to make a big fuss there, asking for a candle fixed in a human skull. "Really, Mylord, we do not have that kind of luminary in a place like the Wellington Hotel".

The horse trade fair is scheduled for May, at the place des Barricades: peasants in blue smocks, enormous Brabant mares, proud stallions displaying their muscles in an easy trot.

The present Porte de Hal museum is being used as a jail. In the midst of the Porte Louise there are the ruins of a tower.

At the present location of the Théâtre Molière there is a pub painted in green and white. Its sign, creaking in the wind, says: "Au petit lattis".

Traders' cries, and the trumpet of the baker announcing his bread, enlivened the streets. A pound of meat was at fifty centimes, a pound of butter six sous, a couple of fowls two francs, eggs at one franc twenty to the dozen. One ate so well at home that nobody thought of dining out; restaurants were unknown.

Brussels has but a single post office, some ten letter-boxes, and an equal number of postmen.

The first gas lamp-post is lit, in 1818, on the rempart des Minimes.

For travelling to Lille, Cologne, or Hamburg, one boards the stage-coach in the rue de la Madeleine.

Dressing-up is like building a monument: one bundles one up in a frock-coat with enormous tails; the collar is fixed by a series of buttons, and the edifice is crowned by a blunderbuss-shaped hat of both considerable altitude and perimeter.

The smart ladies have no qualms about looking like pyramids. They are hiding their features under a coat with three layers of capes: the carrick.

Two features are imperative, in the houses of persons of standing: mahogany furniture, and columns, made of stucco or marble, according to the means available.

There is little room for the display of imagination, beyond going for a walk at the Allée Verte, attending the horse races and, if one is really bold, riding the "draisienne", a bicycle without pedals, requiring long legs, and a certain dexterity when going down a slope.

King William I is a restless worker. He takes a number of far-reaching initiatives, creating, with vision and an acute sense of business, the Banque de la Société Générale, with headquarters in Brussels. For his son, the Prince of Orange, he orders the construction, in Brussels, of an imposing residence, —the future Palais des Academies. William also greatly contributes to the prosperity of the city by deciding on the delving of the Brussels-Charleroi canal.

Despite William I's endeavours to develop the interests of the Belgians and their capital, relations

Von 1815 ab, nach dem Zusammenbruch des Napoleonischen Kaiserreichs, bilden Belgien und Holland 15 Jahre lang ein Königreich mit Wilhelm I. von Oranien-Nassau als Staatsoberhaupt.

Brüssel hat um 1825 vier Kasernen und vier Freimaurerlogen, drei Friedhöfe und drei öffentliche Bibliotheken, 1.200 Strassenlaternen, 12.000 Häuser.

Man kauft Werke von Künstlern die in der Art von Rubens malen, und von Bildhauern, die Stein oder Marmor bearbeiten wie Michelangelo.

Die Salons und Esszimmer sind geschmückt mit farblosen Kopien alter Meister. Da wertvolle zeitgenössische Kunstwerke fehlen, sucht der richtige Kunstliebhaber in den Werken vergangener Jahrhunderte, was ihm gefällt.

Brüssel ist reinlich. Die Stadt hat blühende Wäschereien, die oft seltsame Namen tragen: Les deux Bouloires, Le petit Jésus, La digue, La belle Blanchette, Le drap parfait usw.

Draussen, ausserhalb der Porte de Schaerbeek, im offenen Feld, lag "De Rode Leeuw", eine Herberge für Kutscher, in der es oft geräuschvoll zuging. An der Ecke der rue Royale gab es ein vornehmes Etablissement: "L'Auberge du Prince de Galles", wo die Snobs hinkommen um zu trinken und ihre englischen Kenntnisse zu entfalten. Das ist jetzt Mode.

Das Hotel Wellington, Nummer 33 der heutigen rue Ducale, war das Feinste vom Feinen. Nur sehr vermögende Leute kamen, um hier zu logieren. Lord Byron machte hier ziemlich viel Lärm, weil er, der Inspiration wegen, als Kerzenhalter unbedingt einen Menschenschädel haben wollte. Leider besass selbst ein Hotel wie das Wellington so einen Beleuchtungskörper nicht. Im Mai war auf der Place des Barricades Pferdemarkt: Bauern in blauen Kitteln, schwere brabantische Stuten, stolze Hengste, die man vorführt, um ihre Muskulatur zu beurteilen.

Das heutige Hallepoortmuseum diente als Gefängnis und mitten an der Porte Louise ragte ein Turm auf, der am Einstürzen war.

Wo jetzt das Molièretheater steht, befand sich eine grün-weiss gestrichene kleine Herberge, deren Aushängeschild bei Wind und Wetter knarrte. Man las darauf "Au petit Lattis".

Der Ruf der Kaufleute, die Trompete des Bäckers heiterten das Strassenleben auf. Ein Pfund Fleisch kostete 50 Centiem, ein Pfund Butter 6 Stuivers, ein Paar Tauben 2 Franken, ein Dutzend Eier 1,20 Franken. Man ass so gut zu Hause, dass niemand auf die Idee kam ausser Haus essen zu gehen. Speisewirtschaften waren darum unbekannt.

Brüssel hatte nur ein Postbüro, etwa 10 Briefkästen und ebenso viele Briefträger.

1818 wurde auf der rue des Minimes die erste Gaslaterne angezündet.

Wollte man nach Lille, Köln oder Hamburg reisen, nahm man in der rue de la Madeleine die Postkutsche.

Sich zu kleiden war fast so mühselig, wie ein Monument aufzubauen: Man trug lange, vornehme Jacken mit enormen Schössen, heftete seinen Kragen mit einer Reihe Knöpfe an und bekrönte das ganze Bauwerk mit einem hohen, nach oben sich verbreiternden Hut, der sowohl in Höhe wie Umfang respektable Masse hatte.

Gefallsüchtige Damen sahen wie Pyramiden aus, ihren Charme unter einem Mantel mit drei Pelerinen, dem Garrick, versteckend.

In den Häusern der Oberschicht gab es zwei unentbehrliche Dinge, Möbel aus Mahagoni und Säulen aus Gips oder Marmor, je nach den Mitteln, die man besass.

Was das übrige betraf, wenig Phantasie : man spazierte die Allée Verte entlang, ging zu den Pferderennen oder, etwas extravaganter, fuhr auf einer

la Bella Pícara, la de la Perla de Amor y la del Jardín Roto. En aquel entonces, la calle de la Loi se llamaba calle de Brabante.

Muy bullicioso, el cafetín para cocheros "El León rojo" está situado un poco más allá de la puerta de Schaerbeek, en medio del campo.

En la esquina de la calle Real, un establecimiento elegante "La hostería del Príncipe de Gales", donde los snobs de la ciudad beben punch y hablan inglés, pues está de moda.

El hotel Wellington, de alto copete, está en el número 33 de la actual calle Ducal. En éste sólo va la "gente bien". Ahí es donde Lord Byron armará la de San Quintín al exigir, para escribir, una vela metida en una calavera, luminaria que, en verdad estimado Mylord, no suele encontrarse en un hotel como el Wellington.

En mayo se instala, en la plaza de las Barricadas, la feria de caballos: campesinos de blusas azules, enormes yeguas brabanzonas, magníficos sementales mandados a trotar para poder apreciar su musculatura.

El actual museo de la Puerta de Hal sirve de cárcel y, en medio de la Puerta Louise, se alza una torre en ruina.

En el emplazamiento del teatro Molière de hoy, un merendero pintado de verde y blanco. Su rótulo rechina cuando el tiempo es borrascoso y en él puede leerse: "Au petit lattis" (El entramadito).

Carlo Bronne, quien mejor que nadie conoce nuestra capital de aquella época, nos cuenta que la vida que en ella se llevaba era sencilla, generosa y fácil. En las casas, era tan abundante la ropa que se lavaba sólo dos veces al año. A tal acontecimiento eran convidados los familiares y amigos cuyo afán igualaba el apetito; ya no era una tarea, sino una solemnidad doméstica. Los pregones de los vendedores, la trompeta del panadero anunciando su pan caliente alegraban las calles. La libra de carne costaba cincuenta céntimos, la libra de mantequilla seis centavos, un par de pollos, 2 francos, los huevos un franco veinte céntimos la docena. Se comía tan bien en casa que a nadie se le hubiera ocurrido ir a cenar fuera; eran desconocidos los restaurantes.

Bruselas no cuenta más que con una oficina de correos, una decena de buzones e igual cantidad de carteros.

En 1818 es encendido el primer farol de gas en el muro de las "Minimes".

Si se desea viajar a Lila, Colonia o Hamburgo, hay que tomar la diligencia en la calle "de la Madeleine".

Vestirse es edificar un monumento: hay que apretarse en levitas de inmensos faldones, sujetar el cuello por medio de todo un juego de botones y coronar el edificio con un sombrero en forma de trabuco de considerable tamaño. Las coquetas no titubean en parecerse a pirámides, ocultando sus encantos debajo de un abrigo de triple esclavinas: el carrick.

En las casas de notables, dos ornamentos indispensables: los muebles de caoba y las columnas de yeso o mármol, según las posibilidades pecuniarias de cada cual.

Poca fantasía: uno se va de paseo por la "Allée Verte", asiste a las carreras de caballos y si uno es moderno de verdad, circula en "draisienne", esta bicicleta sin pedales que exige largas piernas y, en las bajadas, cierto virtuosismo.

El rey Guillermo I se entrega de lleno al trabajo. Comunica a Bélgica y a Bruselas un impulso que irá creciendo.

En la capital establece el banco de la Sociedad General del que es el valiente y preclaro fundador. Para su hijo, el príncipe de Orange, el rey encarga la construcción en Bruselas de una bella residencia, la

between the sovereign and his Southern subjects were slowly deteriorating. The latter blame the king for appointing and commissioning more Dutchmen than Belgians in the administration and in the army. William I had an authoritarian streak, which caused him to make several mistakes, both psychological and political. Relations between Brussels and The Hague were turning to sour.

In september 1830, the capital was in revolt: barricades, shots, riots are breaking out. The revolution has come.

Carts are carrying the casualties towards the Grand'Place, crossing long files of children and young girls who transport heavy loads of powder, or haul boxes of ammunition to the fighters on the Place Royale.

From its satirical beginnings among the ordinary people, and its dialectical first rumblings among the educated elite, the opposition against the Dutch regime rises to a sort of romantic epic.

All the features are appearing: barricades, generals who look like condottieri, lawyers turned into cabinet members of a provisional government, priests attending the dying.

In all this display of flags, large sabres, long hair, and lofty feelings we should try and identify the fighting factions.

The registers of the Brussels hospitals indicate that the following wounded were entered: 219 workers, 238 craftsmen, 23 servants, 16 firemen, 33 small shopkeepers, 3 small farmers, 17 employees, 33 former soldiers, 8 company directors, 179 farm journeymen.

September 26, 1830 was a decisive day. It was learnt that morning that the administrative committee had turned itself into a provisional government whose first decree proclaimed the final split between Belgium and Holland.

This constituted an insolent challenge to Metternich, the Czar, and their Europe: at the same time, it did galvanize the patriots.

All that day they multiplied attacks against the Parc. They were seen advancing, with fixed bayonets, or armed with pikes, while Mellinet's artillery was decimating Dutch columns as they unsuccessfully tried to break through the Place Royale.

The number of dead was high that evening. On the 27th, Juan Van Halen and Charles Rogier decided to see things through by expelling, once and for all, William I's soldiers from their positions.

It would have sufficed to keep them encircled for another four days. They would have surrendered, for they were running out of food. However, a striking and immediate victory was aimed at.

The night was spent in war-like preparations. When, however, at 5 in the morning, the Parc was stormed, it showed to be empty!

Troops had retreated silently, during the night.

While the voluntary recruits were celebrating their success by emptying many a glass of faro, Charles Rogier and his assistants were making-up a first balance sheet of those tragic September days. On the Belgian side, there had been 1,300 wounded, 500 dead, and 122 prisoners.

After the disturbances the provisional government decided to entrust a National Congress with the task of drafting a liberal Constitution based on the institution of a Monarchy.

Brussels, November 10, 1830: the representatives are gathering at the Palace of the States General,—the present House of Parliament— in the rue de la Loi. Military bands, the rolling of drums, the bells of

Draisine, einer Art Fahrrad ohne Pedale, für die man lange Beine und, zumal auf einem Abhang, eine gewisse Geschicklichkeit nötig hatte.

König Wilhelm I. war ein Arbeitstier. Unter seiner Regierung nahmen Belgien und Brüssel einen mächtigen Aufschwung. In der Hauptstadt stiftete er die Generale Bankmaatschappij. Für seinen Sohn, den Prinzen von Oranien, liess er eine schöne Residenz bauen, die später der Palast der Akademie werden sollten. Schliesslich förderte er die Wohlfahrt in Brüssel durch den Bau des Kanals Brüssel-Charleroi.

Trotz dieser Wohltaten klappte es nicht recht zwischen dem König und seinen südlichen Untertanen. Sie warfen ihm vor, mehr Holländer als Belgier in Verwaltung und Armee zu ernennen. Wilhelms autoritärer Charakter brachte ihn auch dazu, manchen psychologischen Fehler auf politischem Gebiet zu begehen. Die Beziehungen zwischen Brüssel und Den Haag wurden mit der Zeit immer schlechter und im September 1830 geriet die Hauptstadt in Aufruhr: Barrikaden, Schüsse, Rebellion waren an der Tagesordnung. Die Revolution war Wirklichkeit geworden.

Ganze Wagenladungen Aufständischer trafen am Grossen Markt ein. Sie kreuzten den Weg langer Reihen von Jungen und Mädchen, die mit Mühe schwere Säcke mit Pulver und Kisten mit Munition, bestimmt für die Verteidigung der Place Royale heranschleppten.

Hatte sich die Auflehnung gegen das holländische Regime zuerst bei dem gemeinen Volke in Spott und bei den Intellektuellen in Diskussionen geäussert, schliesslich wurde sie zum realen, romantischen Epos, an dem nichts fehlte; Nicht die Barrikaden, nicht die Freikorpsführer, nicht die Advokaten die Minister von einer vorläufigen Regierung wurden, nicht die über Sterbende gebeugten Priester.

Versuchen wir in diesem Dekor mit grossen Flaggen, grossen Säbeln und grossen Gefühlen die Identität der Kämpfer festzustellen. Wir besuchen dazu die Brüsseler Spitäler, wo die Verwundeten versorgt werden und finden in den Registern: 219 Arbeiter, 238 Handwerker, 23 Diener, 16 Feuerwehrmänner, 33 Kleinhändler, 3 Pächter, 17 Angestellte, 33 ehemalige Militärs, 8 Betriebsführer, 179 Landarbeiter-Tagelöhner.

Der Tag des 26. September 1830 war entscheidend, da man morgens gehört hatte, dass die "Administratieve Comissie" umgetauft sei in "vorläufige Regierung" und ihr erster Erlass, die endgültige Trennung Holland von Belgien zum Gegenstand hätte. Einesteils war diese Entscheidung eine dreiste Herausforderung an das Europa Metternichs und des Zaren, andererseits war sie ein moralischer Halt für die Patrioten.

Diese verdoppelten ihre Angriffe auf den Park. Sie chargierten mit aufgepflanztem Bajonett oder der Pike in der Faust, während die Artillerie von Mellinet blutige Furchen in die holländischen Reihen zog, die vergebens den Durchbruch zur Place Royale zu erzwingen suchten.

Bei Einbruch der Nacht gab es bereits zahlreiche Tode. Juan van Halen und Karel Rogier beschlossen am folgenden Tag die Soldaten Wilhelm I. endgültig aus ihren Stellungen zu vertreiben. Es wäre genug gewesen, um sie vier Tage einzuschliessen, um sie durch Wasser- und Lebensmittelmangel zur Übergabe zu zwingen. Man wünschte jedoch einen glänzenden und unmittelbaren Sieg.

In der Nacht wurden die nötigen Vorbereitungen getroffen, aber als um 5 Uhr morgens der Befehl zum Angriff auf den Park gegeben wurde, stellte man fest, dass der Feind verschwunden war. Im Schutz der Dunkelheit hatten die holländischen Truppen in aller Stille den Park geräumt.

Während die Freiwilligen diesen Erfolg bei einer

cual se convertirá en palacio de las Academias. En fin, Guillermo I incrementa la prosperidad bruselense al mandar la cavadura del canal que reúne la capital con Charleroi. Pese a los beneficios pordigados por Guillermo I a los Belgas y a su capital, las cosas se van deteriorando lentamente entre el soberano y sus súbditos del sur. Estos reprochan al rey de nombrar más Holandeses que Belgas en los empleos públicos y en el ejército. El carácter autoritario de Guillermo I lo mueve así a cometer varios errores de psicología política. Las relaciones de Bruselas con La Haya se tornan agrias.

En septiembre de 1830, la capital se subleva: barricadas, tiroteo, arrecia el motín y estalla la revolución.

Las carretas que bajan los lisiados hacia la Plaza Mayor se cruzan con largas filas de chiquillos y muchachas cargando pesados sacos de pólvora y cajas de municiones destinados a los combatientes de la plaza Real.

Tanto se había revelado guasona en el pueblo y racional en los medios intelectuales, tanto desde este momento toma la oposición al régimen holandés un cariz de verdadera epopeya romántica.

Nada faltaba, ni las barricadas, ni los generales-condottieri, ni los abogados convertidos en ministros de un gobierno provisional, ni los sacerdotes inclinados sobre los moribundos.

En este decorado de grandes banderas, grandes sables, grandes cabelleras y grandes sentimientos, tratemos de despejar la identidad de los contrincantes. Para darnos cuenta de ello, visitemos los hospitales bruselenses en que son atendidos los heridos y computemos los registros de admisión: 219 obreros, 238 artesanos, 23 criados, 16 bomberos, 33 negociantes, 3 cultivadores, 17 empleados, 33 antiguos militares, 8 jefes de empresa, 179 jornaleros agrícolas.

El día del 26 de septiembre de 1830 fue decisivo puesto que, por la mañana, se supo que la Comisión administrativa se había cambiado en gobierno provisional y que el primer decreto de éste proclamaba la separación definitiva de Bélgica y Holanda.

Pero si esta decisión era un insolente desafío a la Europa de Metternich y del Zar, dio ánimos a las energías de los patriotas.

Durante el día entero, multiplicarán los ataques contra el Parque donde los veremos precipitarse, con la bayoneta armada o la pica en el puño, mientras la artillería de Mellinet abrirá sangrientos surcos en las tropas holandesas que intentarán, en vano, de forzar el pasaje de la plaza Real.

Por la noche, enumerarán muchos muertos, por cuanto Juan Van Halen y Charles Rogier deciden acabar, el 27, desalojando definitivamente de sus posiciones los soldados de Guillermo I.

Cercándolos durante cuatro días todavía hubiera bastado para obtener su rendición, pues hubiesen carecido de víveres. Pero se deseaba una victoria retumbante e inmediata.

Por lo tanto transcurrió la noche en preparativos guerreros, pero cuando fue dado el asalto al parque, a las 5 de la mañana, ¡lo encontraron vacío!

Las tropas lo habían evacuado silenciosamente, en la oscuridad. Mientras sus voluntarios celebraban este éxito escanciando gran cantidad de jarros de "faro", Charles Rogier y sus colaboradores levantaban un primer balance de estas trágicas jornadas de septiembre: 1.300 heridos, 500 muertos, 122 prisioneros del lado belga.

El gobierno provisional decide confiar a un Congreso Nacional la elaboración de una Constitución que será liberal y monárquica.

St. Gudule are providing an imposing musical accompaniment.

The eldest member of the Assembly, the aged Jean-François Gendebien, takes the rostrum, saying: "The National Congress installs itself, in the name of the Belgian people".

Behind the President, there is a still wet fresco painting: the Belgian lion, brandishing a large three-coloured flag.

A perceptive English observer, Sir Archibald White, who was among the public, has left a report of the festive occasion. It was, according to Sir Archibald, a simple, but nevertheless solemn and imposing ceremony. The people who were filling the classical hemicycle—even if they were unexperienced in the traditions of a debating assembly, and although they had been selected for the quality of their patriotism—brought to the Congress an exact sense of their power and mission. Except for two or three persons who behaved in an excentric way, the assembly, for its moderation and sense of measure, could have been held up as an example to the oldest Parliament. The hall was well lighted and exposed; the high cupola, the elegant columns, commodious galeries, plain, practical furniture, the rows of desks with everything needed for writing, all this, says Sir Archibald, was as worth noticing as the collected attitude of the majority of representatives.

On July 21, 1831, Leopold of Saxe-Coburg, first king of the Belgians, makes his "Joyeuse Entrée" in Brussels.

The air, in the city, smells like a mixture of flower fragrance, beer, fried dishes, grilled meat, cabbage soup, and church incense. The echoing sounds of the bands are composing a cacophony of tunes, punctuated by the salute fired from guns. At the Porte d'Anvers Louis Rouppe, the city's burgomaster, is blue in the face from wearing too tight a collar. It turns to violet as he presents Leopold with the keys of the city.

The king replies: "They could not be in better hands than your's, Sir, so please keep them..."

Rouppe stammers, bows, stands erect again, smiles, weeps from sheer emotion. And so the King enters his capital city under a sea of acclamations, good wishes, streamers, and nosegays thrown by very beautiful Brussels young girls with either brown or fair hair, some of which are recalling the Spanish type, while others are evoking the local, Northern kind of rather plump and opulent female.

At the Place Royale, in front of the St. Jacques-sur-Coudenberg church: the banners—red and black lions—of the nine provinces and, under wide, gilded tapestries, the sovereign's throne.

Leopold dismounts, shakes hands with Surlet de Chokier, the Regent, and de Gerlache, President of Congress. The two gentlemen read speeches; Vilain XIV gives a summary of the Constitution. Jean-Baptiste Nothomb walks up to the King who is seated between Surlet de Chokier and de Gerlache, and hands to the sovereign the text of the oath: " I swear to observe the Constitution and the laws of the Belgian people. So help me God."

Léopold repeats those words in a decided, almost harsh voice, lifting his hand.

The crowd cheers so loudly, that de Gerlache's words to the king: "Sire, ascend the throne" are barely heard.

He ascends the stairs slowly, with great simplicity and elegance.

He was wearing the dark uniform of lieutenant-general of the army.

In the centre of the Place Royale, where Godefroid de Bouillon was not yet cutting capers, sparrows were

Kanne Bier feierten, stellten Karel Rogier und seine Mitarbeiter eine erste Bilanz dieser tragischen September-tage auf: 500 Tote, 1300 Verwundete, 122 Belgier in Kriegsgefangenschaft geraten.

Nach den Unruhen beschloss die vorläufige Regierung, den "Nationaal Congres" mit der Aufstellung eine Grundverfassung zu beauftragen. Diese sollte liberal und monarchistisch sein.

Brüssel, 10. November 1830: Die Abgeordneten begaben sich zum Palast der Generalstaaten, dem heutigen Parlament in der rue de la Loi. Militärmusik, Trommelwirbel und die Glocken von St. Goedele bilden ein grossartiges Konzert. Auf der Tribüne, der Dekan der Versammlung, der alte J.Fr. Gendebien, der erklärt: "Im Namen des Belgischen Volkes wird der Nationale Kongress installiert."

Hinter dem Präsidenten sieht man ein Fresko, dessen Farben noch feucht sind: der belgische Löwe, eine grosse Trikolore schwingend.

Der intelligente englische Beobachter, Sir White, der auf der öffentlichen Tribüne Platz genommen hat, notierte: "Die Zeremonie war einfach und ohne Wichtigtuerei, aber trotzdem feierlich und eindrucksvoll. Das klassische Halbrund, den Volksvertretern vorbehalten, war gefüllt mit den feurigsten Patrioten, die, obwohl nicht vertraut mit den Gebräuchen und Gewohnheiten von Ratsversammlungen, doch einen richtigen Begriff ihrer Macht und Aufgabe hatten. Mit Ausnahme von etwa drei Personen, die sich ziemlich auffallend betrugen, konnte die herrschende Besonnenheit und die allgemeine Stimmung als Vorbild für jedes andere Parlament dienen".

Am 21. Juli 1831 hielt der erste König der Belgier, Leopold von Sachsen-Koburg, seinen feierlichen Einzug zu Brüssel. Die ganze Stadt roch nach Blumen, Bier und Gebackenem, nach gerösteten Fleisch, Kohlsuppen und Weihrauch, und die zusammenfallenden Echos der lauthals spielenden Musikkapellen sorgten für einen Missklang, der hin und wieder durch Artillerieschüsse übertönt wurde. An der Porte d'Anvers überreichte der Bürgermeister Louis Rouppe, dem König die Schlüssel der Stadt. Dieser antwortete ihm: "Diese Schlüssel können nicht besser als in Ihren Händen bewahrt werden, bewahren Sie sie also auch weiterhin......"

Rouppe stammelte, verneigte sich, richtete sich wieder auf, lächelte und weinte vor Rührung. Der König betrat die Stadt unter stürmischem Beifall, Jubelgeschrei, Wimpeln, Tannengrün.

Unzählige kleine Sträusschen wurden von den hübschen Händchen der rundlichen Brüsseler Mädchen geworfen, Braun- oder Blondhaarigen mit spanischen Augen oder nordischen Typen aus Brabant gebürtig, wo man gutgefüllte, prächtige Evas schuf.

Die Fahnen der neun Provinzen, rote und schwarze Löwen, flatterten auf der Place Royale vor der St. Jakob op Koudenberg-Kirche, wo unter einem grossen vergoldeten Baldachin der Thron Königs aufgestellt war.

Leopold stieg von seinem Pferd, drückte die Hand des Regenten, Surlet de Chockier und die des Präsidenten des Kongresses, de Gerlache. Beide Männer hielten eine Rede; Vilain XIV. fasste in einigen Sätzen die Grundverfassung zusammen und Jean-Baptiste Nothomb, zum König gewandt, der zwischen Surlet de Chockier und de Gerlache sass, überreichte dem König den Text des Eides: "Ich schwöre Verfassung und Gesetze des Belgischen Volkes einzuhalten. So wahr mir Gott helfe". Mit fester, beinah harter Stimme, die Hand erhoben, wiederholte der König diese Worte. Die Menge schrie, brüllte: "Es lebe der König!" und man hörte nur mit Mühe, wie de Gerlache zum König sagte: "Sire, besteigen Sie den Thron".

Bruselas, el 10 de noviembre de 1830: los diputados se trasladan al Palacio de los Estados generales, actual Parlamento de la calle "de la Loi". Bandas militares, redobles de tambores, campanas de Santa Gúdula componen un estruendoso concierto.

A la tribuna presidencial sube el decano de la Asamblea, el viejo Jean-François Gendebien. Este declara: "En nombre del pueblo belga se instala el Congreso Nacional".

Detrás del presidente, un fresco cuya pintura aún no está seca: el león belga blandiendo una gran bandera tricolor.

En las tribunas públicas, un Inglés inteligente observa todo y Sir White anota: "La ceremonia fue sencilla y sin pretención, aunque solemne e imponente. El hemiciclo clásico reservado a los diputados estaba repleto de hombres que, a pesar de no conocer los usos y tradiciones de las asambleas deliberantes y aunque elegidos entre los más ardientes patriotas, aportaban al Congreso un sentido exacto de su poder y de su misión. Exceptuando a dos o tres individuos que se complacían en la extravagancia, la moderación y el comedimiento del conjunto hubiesen podido ser dados en ejemplo al más veterano de los Parlamentos.

El 21 de julio de 1831, el primer Rey de los Belgas, Leopoldo de Saxe-Coburgo hace su entrada triunfal en Bruselas.

La ciudad entera exhala fuertes olores a flores, cerveza, frituras, asados, sopa de coles, incienso de iglesia y los ecos de las fanfarrias en plena acción crean una sensacional cacofonía de tararás entrecortados por las salvas de artillería.

En la puerta de Amberes, el burgomaestre de la ciudad, Louis Rouppe, apretadísimo en su cuello almidonado, se pone purpúreo, luego violáceo cuando entrega a Leopoldo las llaves de la ciudad.

Oye que el Rey le responde: "Estas llaves no podrían estar mejor que entre sus manos, Señor, sírvase guardarlas...".

Rouppe farfulla, se inclina, se endereza, sonríe, llora de emoción.

Y el rey penetra en su capital en medio de una marejada de aclamaciones, vítores, banderines, follajes, ramas de pino, ramilletes que caen a su alrededor y que lanzan lindas manos de rollizas bruselenses, morenas y rubias, chicas de ojos a la española y otras más nórdicas y muchas nativas de este Brabante en donde nacen estas Evas regordetas y soberbias.

En la plaza Real, frente a la iglesia Saint-Jacques-sur-Coudenberg: las banderas de las nueve provincias, leones rojos, leones negros y, debajo de grandes colgaduras doradas, el trono del soberano.

Leopoldo baja del caballo, estrecha la mano del regente Surlet de Chockier y del presidente del Congreso, de Gerlache.

Estas dos personalidades leen discursos, Vilain XIV resume la Constitución en unas frases y Jean-Baptiste Nothomb, acercándose al rey sentado entre Surlet de Chockier y de Gerlache, entrega al soberano el texto del juramento: "Juro observar la Constitución y las leyes del pueblo belga. Que me ayude Dios".

Con voz muy firme, casi dura, Leopoldo, mano en alto, repitió estas palabras. La muchedumbre gritaba, voceaba: "Viva el rey" y apenas si se oyó a de Gerlache quien, volteado hacia el soberano, le decía: "Sire, suba al trono". El rey, luciendo el uniforme oscuro de teniente general del ejército, subió los peldaños lentamente, con gran sencillez.

En medio de la plaza Real en que aun no caracoleaba Godofredo de Bouillon, piaban unos gorriones en el follaje de un arbolito de la Libertad plantado ahí después de la batalla del Parque, en 1830.

chirping in the branches of a small Liberty tree planted there, after the battle of the Park, in 1830.

Brussels, in the course of the 19th century—because of its location in Europe, and of the liberal climate among its inhabitants—showed great kindness to political exiles.

Victor Hugo took up residence on the Grand'Place, and the Place des Barricades. On May 27, 1871, a row was organised in front of the latter residence, and a deportation order was issued against the poet.

To the five deputies who had voted against this ostracism, Victor Hugo wrote a noble letter, ending as follows: "Perhaps it is as well that there always should be some exile in my life. For the rest, I persist in not confusing the Belgian People with the Belgian Government. Having been honoured by a long hospitality in Belgium, I forgive the Government, and thank the People".

Together with Victor Hugo, general De Lamorcière, a former War Minister in a Thiers government, was living in exile, in Brussels. He had refused to take the oath under the 1851 Constitution, had fled to Brussels, and lived there, at 57, rue du Champ de Mars, and at 1, Place des Palais. He later was to command the papal troups.

Karl Marx, who had irritated the French Government with his paper "Vorwaerts", published in Paris, had to leave France. He arrived in Brussels on February 9, 1845 and took lodgings at the Hôtel de Saxe. He lived in succession at 42, rue d'Orléans; 24, Place du Sablon; 7, rue du Bois Sauvage; 5, rue de l'Alliance; 21, Plaine Ste-Gudule; Hôtel du Bois Sauvage, etc.. In February 1845, he signed the following petition, addressed to the King of the Belgians:

"Sire,
The undersigned Charles Marx, doctor in philosophy, aged 26, from Trier in the Kingdom of Prussia, having the intention to settle, with his wife, in the Estates of Your Majesty, takes respectfully the liberty of beseeching you to graciously grant him permission to fix his domicile in Belgium. He has the honour to be, with the utmost respect.

Your Majesty's
very humble and very obedient servant
Dr. Charles Marx."

Brussels, a friendly place for political exiles, is developing. Between 1865 and 1909, it will be reshaped by an extraordinary king-builder: Leopold II.

One imagines him leaving his palace at Laeken, comfortably propped up in his car. He has told his chauffeur to drive slowly. He wants to visit Brussels as if he were a foreign tourist.

He is reviewing his work: the General Post Office, the Stock Exchange, the Courts of Justice, the Museum of Fine Arts, the rue de la Régence. From there, he is taken to the barracks at Etterbeek, and by the avenue de Tervueren, to the Colonial Museum. On his way back, the king will look with pleasure at the Japanese Tower.

What was Brussels like, in those days?
There were 400,000 inhabitants.

The Saint-Servais church at Schaerbeek—a 13th century masterpiece—had not yet been demolished. It had been turned into an Academy where, in the evening, bearded art students were drawing while superb girls stood model. When the sitting was over they hastily put on their clothes again in the former vestry, and were taken out for a treat by their admirers: a kipper, and two glasses of gueuze at 30 centimes.

On Sundays families with decidedly sporting interests went to Boitsfort to admire the race-track, and to eat slices of bread with cottage cheese, or

Langsam, aufrecht, elegant schritt der König die Stufen hinauf. Er trug die dunkle Uniform eines Generalleutnants der Armee. Mitten auf der Place Royale – Godfried von Bouillon stand noch nicht dort – zwitscherten die Spatzen im Laub des kleinen Freiheitsbaumes, der dort 1830, nach den Gefechten im Park gepflanzt worden war.

Im Laufe des 19. Jh. wurde Brüssel, vor allem wegen seiner zentralen Lage innerhalb Europas und dem freisinnigen Geist seiner Bürger, ein Anziehungspunkt für politisch Verbannte.

Victor Hugo wohnte am Grand' Place und am Place des Barricades. Am 27. Mai 1871 kam es vor dieser Wohnung zu heftigen Streitigkeiten, die zur Folge hatten, dass dem Dichter einige Tage später ein Ausweisungsbefehl ausgehändigt wurde. Den fünf Volksvertretern, die gegen diese Massregel protestierten, schrieb Victor Hugo einen grossmütigen Brief, der folgendermassen endete: "Peut-être est-il bon qu'il y ait toujours un peu d'exil dans ma vie. Du reste je persiste à ne pas confondre le Peuple Belge avec le Gouvernement Belge, et, honoré d'une longue hospitalité en Belgique, je pardonne au Gouvernement et je remercie le Peuple."

Zur selben Zeit wie Victor Hugo, lebte in Brüssel auch General De Lamorcière, früher Kriegsminister im französischen Kabinett Thiers. Er weigerte sich, den Eid auf die Verfassung von 1851 abzulegen und flüchtete nach Brüssel, wo er in der rue du Champs de Mars 57 und rue des Palais 1 wohnte. Später wurde er Kommandant des päpstlichen Heeres.

Karl Marx, der durch sein in Paris herausgegebenes Blatt "Vorwärts" die französische Regierung beunruhigte, wurde gezwungen, Paris zu verlassen. Er kam am 9. Februar 1845 in Brüssel an und logierte zunächst im Hotel de Saxe. Nacheinander wohnte er rue d'Orléans 42, Place du Petit-Sablon 24, rue du Bois Sauvage 7, rue de l'Alliance 5, Place Ste Gudule 21, usw... Im Februar 1845 wandte er sich mit folgender Bitte an den König:
"Sire,
Le soussigné Charles Marx, docteur en philosophie, âgé de 26 ans, de Trèves, royaume de Prusse, étant intentionné de se fixer avec sa femme dans les états de Votre Majesté, prend la respectueuse liberté de vous supplier de vouloir bien lui accorder l'autorisation d'établir son domicile en Belgique. Il a l'honneur d'être, avec le plus profond respect, de Votre Majesté, le très humble et très obéissant serviteur
Dr. Charles Marx"
Brüssel, das seine Tore für die Verbannten offenhielt, wuchs weiter.

Leopold II. drückte als Bauherr in den Jahren 1865 bis 1909 einen sichtbaren Stempel auf die Stadt.

Wir sehen ihn, behaglich in seinem Auto sitzend, das Schloss in Laken verlassen. Der wagen fährt langsam. Der König wünscht Brüssel wie ein ausländischer Tourist zu sehen. Der hohe schwarz Wagen mit seinen zitronengelben Rädern, seinen kupfernen Lampen fährt durch die Stadt, die der König zum Teil verändert und verschönt hat. Er bewundert seine Arbeit: die grosse Hauptpost, die Börse, den Justizpalast, das Museum für schöne Künste in der rue de la Régence; er kommt zu den Kasernen von Etterbeek und durch die Avenue de Tervueren, die ihn bis vor das Kolonialmuseum bringt. Auf dem Rückweg wirft er einen zufriedenen Blick auf den Japanischen Turm.

Beschauen wir das Brüssel dieser Zeit etwas näher. Die Stadt hat nun 400.000 Einwohner. Zweimal wöchentlich treibt der junge Herder Jef Knoll seine sechs Ziegen durch die rue Neuve, um den Händlern und Bürgern in diesem Stadtteil seine ganz frische Milch zu liefern.

En el curso del siglo XIX, Bruselas, de por su situación en Europa y por el liberalismo de sus ciudadanos, será una ciudad muy acogedora para los proscritos políticos. Victor Hugo vivió en la Plaza Mayor y en la plaza de las Barricadas. El 27 de mayo de 1871, fue organizado un alboroto delante de esta casa y, unos días más tarde, será decretada la expulsión del poeta. Victor Hugo escribió a los cinco diputados que habían desaprobado este ostracismo, una carta generosa que se termina así: "Quizás sea bueno el que haya siempre un poco de exilio en mi vida. Por lo demás, persisto en no confundir al Pueblo Belga con el Gobierno Belga, y, honrándome con una larga hospitalidad en Bélgica, le perdono al Gobierno y le doy gracias al Pueblo". A un tiempo que Victor Hugo, vivía desterrado en Bruselas el General De Lamorcière, antiguo ministro de la guerra en un gobierno Thiers. Habiéndose negado a jurar sobre la Constitución de 1851, se había refugiado en Bruselas donde vivió en el 57 de la calle del "Champ de Mars" y en la plaza "des Palais" n° 1. Es sabido que más tarde estuvo al mando de la armada pontifical.

Karl Marx, habiendo inquietado al Gobierno francés con su periódico "Vorwaerts", publicado en París, se vio obligado a salir de Francia; llegó a Bruselas el 9 de febrero de 1845 y se hospedó en el hotel de Saxe. Vivió sucesivamente en la calle de Orleans, 42; plaza del Petit Sablon, 24; calle del Bois Sauvage, 7; calle de l'Alliance, 5; Plaine Santa Gúdula, 21; Hotel del Bois Sauvage, etc. En febrero de 1845, firmó la siguiente demanda dirigida al Rey de los Belgas:
"Sire,
El abajo firmante Charles Marx, doctor en filosofía, de 26 años de edad, oriundo de Tréves, reino de Prusia, deseoso de radicarse con su esposa en los estados de Vuestra Majestad, toma la respetuosa libertad de suplicarla le conceda la autorización de establecer su domicilio en Bélgica. Tiene el honor de ser, muy respetuosamente, de Vuestra Majestad su seguro servidor".
Dr. Charles Marx

Al tiempo que se quiere abierta a los desterrados políticos, Bruselas se va desarrollando y de 1865 a 1909, llevará la marca de este prodigioso constructor que es Leopoldo II.

Mirémoslo salir de su palacio de Laeken, bien sentado en su auto. Le ha pedido al chófer que vaya despacio. Desea visitar a su Bruselas, como si fuese un turista extranjero.

Y el alto coche negro de ruedas amarillo canario, de grandes faros de cobre, recorre la capital tal como la ha edificado y embellecido el rey. De paso, contempla su obra: la gran Oficina de Correos, la Bolsa, el Palacio de Justicia, el Museo de Bellas Artes, la calle de la Regencia, y llega delante de los cuarteles de Etterbeek para luego tomar la avenida de Tervueren que lo lleva al Museo Colonial. Al regresar, el rey tendrá una mirada satisfecha al pasar delante de la Torre Japonesa.

¿Cómo era Bruselas en aquel tiempo? La ciudad contaba 400.000 ciudadanos.

En Schaerbeek, la Iglesia Saint-Servais, aún no destruida, maravilla del siglo XIII, se había convertido en academia de pintura y por la noche, unos principiantes melenudos venían a dibujar, ojos medio cerrados, a hermosas chicas que, después de la sesión de pose, se volvían a vestir de prisa en la ex sacristía, para luego ir a comerse un arenque y beberse dos vasos de "gueuze" a 30 céntimos con sus admiradores.

El domingo, las familias verdaderamente deportivas se iban a Boitsfort para admirar el nuevo hipódromo y comerse unos emparedados de queso blanco, así como anguilas en salza verde pescadas en el estanque.

eels fished from the pond. Men in straw hats took a stroll through the pleasure gardens, while chubby young boys were on the look-out for a tadpole or a stickleback.

Others, more daring, were making for the Bois de la Cambre, by way of the avenue Louise. Beyond the rue Gachard, however, there were no houses; nothing but meadows, copses of hazel-bush, and inviting narrow footpaths well-known to young people in love.

A show was provided by the students of the Military Academy exercizing in front of their barracks at the Abbaye de la Cambre: the buildings there were so damp that prospective officers were suffering almost permanently from common cold.

How did the Brussels people move about, in the years 1880-1890? In all seasons they made do with hackney carriages, those old bone-shakers pulled by equally aged hacks whose ribs could have been used for playing the xylophone.

The creaking, squeaking, pitching vehicle would take you "into the city, inclusive of the suburbs" for an overall sum of 1 franc, completed by a maximum tip of 25 centimes.

For 2 francs you could take a return trip to the Bois de la Cambre.

If, however, you had a bag with you, there was a supplement of 10 centimes.

Tramway fares were at 10 centimes. Their terminus was at the boulevard Anspach, not far from the Stock Exchange. Some lines encircled the centre of the city by the boulevards, while others were reaching out towards Schaerbeek, Etterbeek, Saint-Gilles, and Anderlecht.

One did not say "prendre le tram", but rather "prendre l'Américain".

The snobs used to do their shopping in the elegant "boutiques" of the Montagne de la Cour and the Galeries Saint-Hubert.

At the place Rogier—called, in those days, place des Nations—"Le Bon Marché" was presenting only two shop-windows to prospective customers. Ladies and young girls, however, were frequent callers at the well-stocked "Grands Magasins de la Bourse".

Right in the centre, a singular contrast was provided by the Galerie du Commerce on the one hand, of deplorable reputation because of the insolence of its tarts, and the Passage du Nord, a paradise for young children, with its wax museum, its exhibition of trained monkeys, and its puppet show featuring, each afternoon, gallant Roland in the act of disembowelling a dozen dark-skinned Saracens between rocks made out of papier mâché.

On sunny days, children would be playing in the Parc de Bruxelles.

How many of them were to be volunteering, on the invasion of Belgium, in 1914?

For a period of four years, Brussels will be an occupied city, that will show great appreciation—the Germans themselves will pay homage to them—for the courageous messages to the population from cardinal Mercier, and the resistance of burgomaster Adolphe Max.

In 1918, Albert I and queen Elisabeth make their triumphant entry in Brussels.

In-between the wars Brussels was to prosper and expand. Public works on the "Jonction" between the gare du Nord and gare du Midi were altering the outlook of the inner city.

Car traffic rose steadily; more and more office buildings went up. In 1930 the Brussels people celebrated the centenary of Belgium's independence. Prince Baudouin was born in September of that year.

In Schaarbeek ist die noch nicht abgebrochene, sehr schöne St. Servatiuskirche aus dem 13. Jh. zur Kunstakademie geworden. Hierher kommen abends junge, bärtige Studenten, die mit halbgeschlossenen Augen die schönen Mädchen zeichnen, die sich nach der Stunde schnell in der früheren Sakristei anziehen um zusammen mit ihren Verehrern einen Hering, zum lächerlichen Preis von 30 Centiem essen und ein paar Gläser Geuze trinken zu gehen.

Sportliebende Familien ziehen sonntags nach Bosvoorde, um die neue Rennbahn zu bewundern und dort Butterbrot mit Quark oder auch Aal grün aus dem dortigen Teich zu essen.

Die Waghalsigen dringen über die avenue Louise hinaus zum Ter Kameren Wald vor. Jenseits der rue Gachard steht kein Haus mehr. Es gibt nur noch Wiesen, Wäldchen mit Nussbäumen und Schlängelpfade, wo Verliebte flüstern. Gern schauen die Ausflügler den Übungen der Kadetten der Militärschule vor der Abtei Ter Kameren zu, wo die Kasernen so feucht sind, dass die zukünftigen Offiziere sozusagen ständig mit Erkältungen zu kämpfen haben.

Über welche Verkehrsmittel verfügte nun der Brüsseler in den Jahren 1880 bis 1890? Zu allen Jahreszeiten werden Mietskutschen benutzt, alte Kästen, fortgezogen von Gäulen, auf deren mageren Rippen man hätte Xylophon spielen können. Der knarrende, krachende, wackelnde Wagen bringt Sie in die Innenstadt oder zu den Vororten für den Preis von 1 Franken, plus höchstens 25 Centiem Trinkgeld. Für zwei Franken befördert der Kutscher Sie nach dem Ter Kameren Wald hin und zurück. Ein Koffer kostet 10 Centiem extra.

Und dann die Strassenbahn. 10 Centiem per Strecke. Die Endstation lag dicht an der Börse in dem Boulevard Anspach. Einige Linien fuhren über den Ring um das Stadtzentrum, und andere gingen strahlenförmig in Richtung Schaerbeek, Etterbeek, Sint-Gillis und Anderlecht. Man sagte nicht: "Ich nehme die Strassenbahn", sondern: "ich nehme die Amerikanische".

Die Snobs kauften in den eleganten Läden am Mont des Arts und in der St. Hubertusgalerie. Das Warenhaus "Au Bon Marché" am Place Rogier, damals noch Place des Nations, hatte nur zwei Schaufenster; aber die Damen drängelten sich bereits in den verschiedenen Abteilungen der "Grands Magasins de la Bourse".

Einen eigenartigen Kontrast gab es mitten im Zentrum: auf der einen Seite die Galerie du Commerce, berüchtigt wegen der Unverschämtheit der Strassenmädchen, und die Passage du Nord, beliebter Aufenthaltsort der Jugend, die dort drei fesselnde Darbietungen fand: ein Wachsfigurenkabinett, eine Schaustellung mit dressierten Affen und ein Marionettentheater, wo an jedem Nachmittag, vor Kulissen aus Pappe, der tapfere Roland ein paar braune Sarazenen ins Gras beissen liess. War das Wetter schön, dann spielten die Kinder im Park von Brüssel.

Als im Jahre 1914 Belgien überrannt wurde, wurden viele von ihnen Kriegsfreiwillige. Vier Jahre lang war Brüssel besetzt. 1918 feierte man die siegreiche Rückkehr von König Albert und Königin Elisabeth.

In der Zeit zwischen den Kriegen fand die Stadt ihren intensiven Lebensrhythmus und ihre Wohlfahrt wieder. Die Untergrundarbeiten für die Verbindung des Nordbahnhofs mit dem Südbahnhof brachte das Stadtbild durcheinander. Der Autoverkehr nahm zu und die Bürohäuser wurden zahlreicher.

1930 begingen die Brüsseler festlich das Hundertjährige Jubiläum ihrer Unabhängigkeit und im September desselben Jahres wurde Prinz Baudouin geboren.

Im Mai 1940 wurden Belgien und Brüssel erneut in

Otros, más atrevidos, iban hasta el Bosque de la Cambre por la avenida Louise. Pero a partir de la calle Gachard, ya no habían casas: sólo praderas, bosquecillos de avellanos, ocultos senderos en que arrullaban tiernos enamorados.

Una atracción: los alumnos de la Escuela Militar recibiendo instrucción delante de la abadía de la Cambre en donde estaban acuartelados en edificios tan húmedos que los futuros oficiales padecían de catarros casi permanentes. ¿Cómo se desplazaban los bruselenses durante los años 1880-1890? En cualquier estación se contentaban con coches de punto, estas galeras destartaladas haladas por unos pencos tan enjutos y en cuyas costillas hubiese podido tocarse xilófono.

El coche rechinaba, crujía, cabeceaba y le conducía en el "interior de la ciudad, suburbios inclusos" por la suma global de 1 franco, al que se le agregaba una propina de 25 céntimos como máximo.

Por 2 francos, podía irse, siempre en el mismo coche, hasta el Bosque de la Cambre, ida y vuelta.

Pero cuidado: si cargaba con una maleta, le costaba 10 céntimos de suplemento.

¿Y los tranvías? Diez céntimos el trayecto. La terminal estaba situada en el bulevar Anspach, cerca de la Bolsa. Las líneas daban la vuelta por los bulevares alrededor del centro de la ciudad y otras vías se extendían hacia Schaerbeek, Etterbeek, Saint-Gilles, Anderlecht.

No se decía "tomar el tranvía", sino "tomar el Americano".

Los snobs hacían sus compras en las lindas "boutiques" de la Montagne de la Cour y de las Galerías Saint-Hubert.

En la plaza Rogier, que en aquél entonces se llamaba plaza de la Naciones, "Le Bon Marché" no ofrecía más que dos escaparates a la curiosidad de los paseantes, pero damas y señoritas se apretujaban ya entre los mostradores bien surtidos de los "Grands Magasins de la Bourse".

En el mismo centro: un curioso contraste entre la Galería del Comercio, deplorablemente conocida por la insolencia de sus mujeres galantes, y el "Pasaje del Norte", donde se refugiaba la inocencia de los chiquillos que ahí encontraban tres atracciones de primera clase: un museo de figurines de cera, un presentador de monos amaestrados y un teatro de títeres en que, cada tarde, el valiente Rolando destripaba a una docena de cetrinos Sarracenos, entre rocas de cartón.

En los días soleados, los niños jugaban en el Parque de Bruselas. Entre ellos, ¿cuántos serán voluntarios de guerra en 1914, cuando la invasión de Bélgica? Durante cuatro años, Bruselas será una ciudad ocupada y se admirará — incluso los mismos Alemanes le rendirán homenaje — la valentía del Cardenal Mercier en sus mensajes al país y la resistencia del burgomaestre Adolphe Max. En 1918 Alberto I y la reina Isabel hacen, en Bruselas, una entrada triunfal. En los años que separan las dos guerras, la ciudad recobra su ritmo intenso y su prosperidad. Los trabajos del viaducto que enlaza la estación del Norte con la del Sur trastornan el paisaje urbano.

El tráfico automovilístico aumenta sin cesar, van multiplicándose los edificios para oficinas. En 1930, los bruselenses conmemoran con numerosos festejos el centenario de la independencia de Bélgica y en septiembre de este mismo año nace el príncipe Balduino...

Mayo de 1940: nuevamente la guerra y la ocupación. Durante ésta, Bruselas quiere seguir siendo, a pesar de todo, una capital del espíritu y de las artes. Después de la guerra, Bruselas vivirá por cierto, los acontecimientos a veces dramáticos del asunto real,

May 1940: again, war, and occupation. Brussels, however, wants to remain an intellectual and artistic centre, and there were displays of many activities, in various fields.

Brussels, after the war, participates in some dramatic events, like the dividing issue of King Léopold III's return from exile in Pregny, Switzerland, but it also enjoys happier days.

Expo 58: the shining spheres of the Atomium against the blue sky; the smell of fried food and snails in "Belgique Joyeuse"; the stuffy, "petit-bourgeois" style of the Soviet pavilion; the mysteries of electronics; the gypsy violins from Hungary: the angular abstract sculptures in the American pavilion, so damaging to feminine dresses: the endless succession of cocktails and opening ceremonies.

The World Fair was opened on April 17, 1958, and was seen by 45 million visitors, more than twice the number of the 1935 show.

Another happy event: prince Albert's marriage, in 1959, to princess Paola. Laeken is host to thousands of guests. The greenhouses there are turned into a gigantic painting by Dufy: palm-trees, pink and white dresses, while the gentlemen wear black dress-coats.

December 15, 1960, another memorable date: Baudouin is married to Fabiola de Mora y Aragon, who arrives in Brussels, coming from Madrid, dressed in a little cardigan.

Brussels is trying to catch up with the times. Tunnels are being excavated for improving traffic generally, and putting public transport underground. Tall buildings rise against the sky-line for the officials of international institutions. Brussels is applying for the role of capital of Europe.

Will the claim hold?

Experts have debated the question during the Winter of 1972. Thirty specialists in marketing and sales promotion, from twelve countries have scrutinized Brussels as a "tourist product".

Their "pro's" include:
– the city's exceptional location as Europe's geographical and economic centre;
– its gastronomical excellence, at reasonable prices;
– its excellent network of public transport, and very good infra-structure of roads;
– its substantial cultural activities;
– its acceptable dimensions;
– its world trade centre under construction;
– its great number of first class hotels;
– the existence of a tourism promoting institution;
– an amazing diversity of shops;
– its friendly and hospitable population;
– high quality museums;
– its very easy access by air, train and road;
– its centre for congresses;
– very interesting points of attraction around the city, and in the provinces;
– a national beverage: beer.

So far the experts in tourism.

den Krieg verwickelt und besetzt. Aber trotz der tragischen Ereignisse wollte die Hauptstadt ein Zentrum von Kunst und geistigem Leben bleiben. Die kulturellen Tätigkeiten in Brüssel waren mannigfaltig und zahlreich.

Nach dem Krieg und in der Zeit der Verbannung von Leopold III., der in Pregny weilte, gab es in Brüssel manchmal recht dramatische Ereignisse, wegen der Königsfrage. Trotzdem kannte die Hauptstadt auch glückliche Tage. Da war die Weltausstellung 1958. Die grossen Kugeln des Atomiums glänzten im blauen Himmel. Da gab es den Geruch von Pommes Frites und Muscheln über "Alt-Belgien", den etwas altmodischen und kleinbürgerlichen Aspekt des Sowjetpalastes, die Mysterien der Elektronika, die Zigeunergeigen aus Ungarn, die abstrakten Bauwerke der Amerikanischen Pavillons, die so eckig waren, dass manche Dame nicht ohne zerrissene Kleider davonkam, die zahlreichen Eröffnungs- und Huldigungsfeiern. Von der Eröffnung am 17. April 1958 bis zum Ende der Ausstellung zählte man 45 Millionen Besucher, die doppelte Besucherzahl wie bei der Weltausstellung 1935.

1959, noch im Rahmen der frohen Ereignisse, die Heirat von Prinz Albert mit Prinzessin Paola. In Laeken wurden tausende Besucher empfangen. Die Treibhäuser wurden ein riesiges Gemälde von Dufy: Palmen, rosa und weisse Kleider, schwarze Fräcke der Herren.

Noch ein glückliches Ereignis am 15. Dezember 1960: König Baudouin heratete Fabiola de Mora y Aragon, die aus Madrid kam, mit einem lieben Lächeln, einfach gekleidet.

Brüssel arbeitet sich zu westlichem Niveau hinauf: Man baut Unterführungen zur Verbesserung des Verkehrs und Tunnel für eine Untergrundbahn; in Hochhäusern werden die Beamten der internationalen Organisationen untergebracht. Brüssel will die Hauptstadt von Europa werden. Wird es ihr gelingen? Im Winter 1972 haben Experten diese Frage bereits beantwortet. Dreizehn Marketing und Verkaufsspezialisten aus zwölf Ländern haben das touristische Produkt "Brüssel" analysiert.

Zum Vorteil der Stadt sprechen folgende Punkte:
– die besonders günstige Lage, sowohl geographisch wie ökonomisch das Zentrum von Europa
– die ausgezeichnete Gastronomie zu einen vernünftigen Preis
– das besonders gute Verkehrsnetz und die sehr gute Strasseninfrastruktur
– die grosse Aktivität auf kulturellem Gebiet
– ihre annehmbare Ausdehnung
– ihr im Aufbau befindliches Welthandelszentrum
– ihre grosse Anzahl erstklassiger Hotels
– das Bestehen einer Organisation, die sich mit der touristischen Propaganda beschäftigt
– die ausserordentlich vielen Läden
– ihre gastfreien und freundlichen Bewohner
– ihre interessanten Museen
– die günstige Erreichbarkeit per Flugzeug, per Eisenbahn und über ein entsprechendes Strassennetz
– ihr Zentrum für Kongresse
– die besonders interessanten Anziehungspunkte sowohl in der unmittelbaren Umgebung wie in der Provinz
– ihr nationales Getränk: das Bier

Das ist die Meinung der Experten.

durante el destierro de Leopoldo III en Pregny, Suiza, pero la capital conocerá también días felices.

La exposición de 1958 con las enormes esferas de su Atomium rutilantes en el azul del cielo, el olor a fritura y a caracoles de su Bélgica alegre, los aspectos muy 1900 y pequeño burgués del palacio soviético, los misterios de la electrónica, los violines zíngaros de Hungría, las esculturas abstractas del pabellón americano tan angulosas que desgarraban los vestidos de las damas, los cócteles e inauguraciones sucediéndose. Abierta el 17 de abril de 1958, la Exposición recibió a 45 millones de visitantes, o sea más del doble de la de 1935.

Siempre en el renglón de los acontecimientos felices: el casamiento del príncipe Alberto, en 1959, con la princesa Paola. Laeken recibe a miles de invitados. Los invernaderos se transforman en un inmenso cuadro de Dufy: palmeras, vestidos rosas, blancos, fraques negros de los caballeros.

En 1960, el 15 de diciembre, otra felicidad: Balduino se casa con Fabiola de Mora y Aragón quien llega de Madrid, sonriente, vestida con sencillez. Bruselas se pone a la hora de Occidente, cava túneles para mejorar el tráfico y equiparse de un metropolitano, acoge en altos "buildings" a funcionarios de las instituciones internacionales, en una palabra, quiere ser la capital de Europa.

¿Lo ha logrado? A esta pregunta han respondido expertos, durante el invierno de 1972. Treinta especialistas en estudio de actividades comerciales y promoción de ventas procedentes de doce países han examinado minuciosamente el producto turístico "Bruselas".
Notan en su favor:
– la situación excepcional de la ciudad como "centro geográfico y económico de Europa;
– su gastronomía sobresaliente y de precios razonables;
– su excelente red de transportes públicos unida a una muy buena infraestructura de carreteras;
– su considerable actividad cultural;
– su dimensión aceptable;
– su centro comercial mundial en vías de elaboración;
– su gran cantidad de hoteles de primera clase;
– la existencia de una institución encargada de la promoción turística;
– su gran surtido de tiendas;
– su población muy acogedora y amistosa;
– museos de calidad;
– facilidades de acceso por aire, por tren y por carretera;
– su centro de congresos;
– polos de atracción particularmente interesantes en la periferia y en provincia;
– una bebida nacional, la cerveza.

Tal es la opinión de los expertos en turismo.

M. Eugène Fromentín? Quel homme aimable! Non content de bien peindre et d'écrire mieux encore, cet artiste qui vivait au xixe siècle, signa ces lignes: « La Belgique est un livre d'art magnifique dont, heureusement pour la gloire provinciale, les chapitres sont un peu partout, mais dont la préface est à Bruxelles, et rien qu'à Bruxelles.

«A toute personne qui serait tentée de sauter la préface pour courir au livre, je dirais qu'elle a tort, qu'elle ouvre le livre trop tôt et qu'elle le lira mal. »

Comment visiter Bruxelles? Partons de la place Rogier et enfilons le boulevard Adolphe Max. Au nº 55, admirons au passage le *presbytère* du xviie siècle où vit le curé de l'église du Finistère, petite merveille bâtie de 1713 à 1730.

Empruntons la rue du Finistère et nous voilà *rue Neuve* où les occasions de shopping ne manquent pas. Par la rue Saint-Michel, nous débouchons sur la place des Martyrs qui ressemble à une jolie gravure, très classique. Elle nous offre plusieurs monuments élevés à la mémoire des patriotes de 1830 et parmi eux: Jenneval qui composa les paroles de l'hymne national belge: la Brabançonne. De la place des Martyrs, nous arrivons rapidement à celle de *la Monnaie* où le contraste architectural entre le célèbre opéra bruxellois et le haut building occupé notamment par l'administration communale de la ville, est plutôt saisissant. Un coup d'œil sur le plan de Bruxelles et nous nous dirigeons vers la rue sainte Catherine, populeuse, amusante, dotée de vieux pignons baroques. Elle nous mène au Marché aux Poissons dont on vous recommande les restaurants de crustacés et la *Tour Noire*, vestige des murailles bruxelloises du xiiie siècle.

Nous regagnons le boulevard Anspach pour nous rendre à *l'église Saint-Nicolas* sertie dans de pittoresques petites maisons. Dans ce sanctuaire, un tableau de Van Orley: « La délivrance de Saint-Pierre », une chapelle de la Vierge, de 1486, et près de l'entrée, une charmante « Laitière » sculptée à la fin du xviie siècle par Marc Devos.

Par la rue au Beurre, allons à la *Grand-Place*, un des joyaux de l'Occident. Avant de visiter l'hôtel de ville et le musée communal de la *Maison du Roi*, découvrons ensemble, ce décor de rêve. Il est constitué de maisons corporatives, celles des métiers bruxellois de jadis. *Le Cygne* (nº 9) était le siège de la corporation des bouchers, *Le Moulin à vent* (nº 16), celui des meuniers, *Le Pot d'Étain* (nº 17), celui des Charpentiers, *La Colline* (nº 18), celui des maçons et des sculpteurs, *L'Ange* (nº 24), celui des brasseurs, *Le Pigeon* (nº 25), celui des peintres. Les boulangers occupaient les nº 1 et 2. Les Graissiers étaient au nº 3: à *La Brouette*, tandis que le nº 4, *La Scie* était la maison des ébénistes et des tonneliers. Les bateliers occupaient le nº 6: *Le Cornet*, enfin *Le Renard*, au nº 7, était la demeure corporative des merciers.

L'Hôtel de ville, dont la construction commença en 1420 et s'acheva en 1449, est ornée d'une tour due à Jean van Ruysbroeck, l'architecte de Philippe le Bon. Dans l'hôtel de ville, on visite la salle gothique, celle des mariages, la salle du conseil communal, la salle maximilienne et l'antichambre de Marie de Bourgogne où l'on voit de curieuses toiles représentant Bruxelles avant le voûtement de la Senne.

De la Grand-Place, nous irons aux *Galeries Saint-Hubert*, les premières du genre en Europe puisqu'elles furent bâties en 1846 par l'architecte Cluysenaer. Il leur fit une longueur de 213 mètres et une hauteur de 18 mètres. On y trouve deux théâtres, des restaurants et des magasins.

Par les Galeries Saint-Hubert, nous voilà dans le quartier de la rue des Bouchers et de la rue des Dominicains. On y mange bien; on s'y amuse, le soir, on y cotoie des artistes bohèmes, des bourgeois gastronomes.

L'heure est venue d'un pèlerinage à *Manneken Pis*, le petit citoyen bruxellois, si mal élevé mais si ingénu. Vous le surprendrez... en pleine action, au coin de la rue de l'Étuve et de celle du Chêne.

Eugène Fromentin is wel een zeer bijzonder mens geweest. Goed schilder en nog beter schrijver, wijdde deze 19de-eeuwse kunstenaar aan Brussel de volgende lijnen: 'La Belgique est un livre d'art magnifique dont, heureusement pour la gloire provinciale, les chapitres sont un peu partout, mais dont la préface est à Bruxelles, et rien qu'à Bruxelles. A toute personne qui serait tentée de sauter la préface pour courir au livre, je dirais qu'elle a tort, qu'elle ouvre le livre trop tôt et qu'elle le lira mal.'.

Hoe Brussel te bezoeken? Laat ons van het Rogierplein uit vertrekken en de Adolf Maxlaan inslaan. In het voorbijgaan treffen wij op nr 55 de *Pastorie* uit de 17de eeuw, woning van de pastoor van de Finisterrae-kerk, een klein architecturaal wonder, gebouwd tussen 1713 en 1730.

Wij nemen nu de Finisterraestraat en belanden in de *Nieuwstraat* met haar talrijke shoppingmogelijkheden. Langs de Sint-Michielsstraat bereiken wij het *Martelarenplein* dat heel veel weg heeft van een mooie klassieke gravure. Hier treffen wij verschillende monumenten die werden opgericht ter nagedachtenis van de patriotten van 1830, o.m. van Jenneval, tekstdichter van onze nationale hymne. In de onmiddellijke nabijheid ligt het *Muntplein* met: enerzijds de beroemde Brusselse opera, de *Muntschouwburg*, en anderzijds het nieuwe torengebouw waarin de gemeentelijke administratieve diensten zijn ondergebracht.

Bekijken wij even het plan van Brussel en richten wij onze schreden naar de volkse, plezierige Sint-Catharinastraat waar nog heel wat oude gevels te zien zijn. Zij brengt ons naar de Vismarkt, waar diverse spijshuizen smakelijke schaaldierengerechten aanbieden en naar de *Zwarte Toren*, een overblijfsel van de oude 13de-eeuwse stadsmuren.

Wij keren terug naar de Anspachlaan en bezoeken, in de nabijheid ervan de tussen schilderachtige huisjes gevatte *Sint-Niklaaskerk*. Naast een schilderij van Van Orley, dat de 'Verlossing van sint Pieter' voorstelt, vinden wij er een kapel uit de 15de eeuw, gewijd aan Onze-Lieve-Vrouw en het bekende votiefbeeld 'Christus met de koperen voet'. Dicht bij de ingang van de kerk staat het legendarische *Melkmeisje*, eind 17de eeuw gebeeldhouwd door M. De Vos.

Langs de Boterstraat bereiken wij de *Grote Markt*, een der mooiste architectuurensembles van Europa. Laat ons, vooraleer een bezoek te brengen aan het Stadhuis en aan het Gemeentemuseum in het Broodhuis, dit droomdecor samen ontdekken. Het bestaat hoofdzakelijk uit gildehuizen destijds gebouwd door de Brusselse ambachten. *De Zwaan* (nr 9) was de zetel van de gilde der beenhouwers, *De Windmolen* (nr 16) van de molenaars, *De Tinnen Pot* (nr 17) van de timmerlieden, *De Heuvel* (nr 18) was deze van de metsers en beeldhouwers, *De Engel* (nr 24) van de brouwers, *De Duif* (nr 25) van de schilders. De bakkers bezetten de nrs 1 en 2, de meubelmakers en de kuipers het huis *De Zaag* (nr 4), de schippers, *De Hoorn* (nr 6) de garen- en bandhandelaars, *De Vos* (nr 1). Het *Stadhuis* werd begonnen in 1420 en beëindigd in 1449. De toren ervan is het werk van Jan van Ruysbroeck, architect van Filips de Goede. In het stadhuis kan men de gotische zaal bezichtigen, evenals de zaal waarin de huwelijken worden gesloten, deze van de gemeenteraad, de Maximiliaanzaal en de kamer van Maria van Bourgondie, waarin men schilderijen kan bewonderen die Brussel voorstellen vóór het overwelven van de Zenne.

Van de Grote Markt uit, bezoeken wij de *Sint-Hubertusgalerijen*, de eerste in hun genre in Europa. Ze werden in 1846 gebouwd door de architect Cluysenaer, hebben een gezamenlijke lengte van 213 meter en een hoogte van 18 meter en bevatten o.m. twee theaters, spijshuizen en winkels.

Wij bevinden ons nu in de onmiddellijke nabijheid van de Beenhouwersstraat en van de Dominikanenstraat, een stadswijk waar men goed eet, waar men zich ook goed vermaakt en waar men 's avonds de bohème uit de kunstwereld en de burger-gastronoom ontmoet.

Si Manneken Pis est minuscule, le *Palais de Justice* de Bruxelles est, lui, un mastodonte de pierre qui mérite d'être vu, tant de loin que de près. Monument le plus volumineux d'Europe, il fut élevé, de 1866 à 1883 par l'architecte Poelaert, sur le Galgenberg, le lieu où jadis, on pendait les criminels, à Bruxelles.

Par la rue de la Régence, nous voilà, cette fois, entre deux splendeurs: le *musée instrumental* du Conservatoire et *l'église de Notre Dame des Victoires*, chef-d'œuvre du gothique tardif. Rue de la Régence encore: le *Musée d'Art Ancien* qui abrite des toiles célèbres: parmi elles, de beaux Primitifs flamands et le remarquable portrait du R.P. della Faille par Van Dyck, des Jordaens, des esquisses et des toiles de Rubens etc.

Par la place Royale, on gagne alors celle des Palais où se situe le *Palais du Roi*. Cet édifice a toute une histoire comme nous le rappelle un érudit. Il nous raconte qu'en 1820, le Roi Guillaume Ier de Hollande occupait l'ancien hôtel du Ministre plénipotentiaire de Belgiojoso; il réunit par une colonnade centrale cet édifice et l'ancien hôtel Bender (commandant-général des troupes autrichiennes); les architectes Vanderstraeten, T.F. Suys et G.J. Henry modifièrent successivement l'ensemble des constructions. En 1904, le Roi Léopold II confia à Maquet le soin de reconstruire la façade en style Louis XVI; Vinçotte sculpta le fronton et le sculpteur français Houtstont ajouta quelques ornements, corbeilles, guirlandes etc. On relia par une galerie de Palais même d'une part au Bâtiment de la Liste Civile, de l'autre au Pavillon de Belle-Vue (où séjourna le Prince de Condé pendant les Cent Jours; plus tard, la Princesse Clémentine, le Duc et la Duchesse de Brabant l'occupèrent).

Par la rue Royale et celle des Colonies on s'approche de la *Cathédrale Saint-Michel*, imposante et noble. Derrière son maître-autel, dans des dalles de marbre, tous les signes du zodiaque sont gravés. A l'église *Notre Dame de la Chapelle* on verra aussi le tombeau du célèbre peintre Pierre Bruegel, mais si on se passionne pour le Continent Noir et ses mystères, on ira à Tervueren où le *Musée d'Afrique Centrale* possède une extraordinaire collection de statues, de masques, d'armes et d'ustensiles.

A Saint-Josse, le petit *Musée Charlier* donne une idée parfaite de ce que fut la peinture belge au XIXe siècle tandis qu'à Ixelles, le *Musée Wiertz* abrite les gigantesques toiles de cet artiste wallon qui voulut égaler Michel-Ange.

Porte de Hal les amateurs d'armes anciennes seront comblés en parcourant un musée tout hérissé de lances, d'épées, d'armures aux angles aiguës et aux casques rudes.

Quitter Bruxelles sans pèleriner à la maison où vécut Erasme, à Anderlecht, serait se priver d'une incursion à travers l'univers si érudit de la Renaissance et ne pas faire une halte au *Musée des Beaux-Arts d'Ixelles* serait omettre un des ensembles les plus originaux de tableaux du siècle dernier.

Si Bruxelles, comme toutes les cités importantes, a ses cabarets de nuit aux strip-teaseuses aguichantes et aux jongleurs experts, elle nous invite, Petite rue des Bouchers, au *théâtre de marionnettes de Toone*: spectacle typique, accent savoureux, longues poupées aux costumes chatoyants et aux regards fixes

Les théâtres: Rideau de Bruxelles, Galeries, Molière, Parc, Flamand jouent un répertoire très varié tandis que des petites salles d'avant-garde se consacrent à la prospection d'œuvres audacieuses ou inconnues. A la Monnaie triomphe Béjart et chantent les grandes vedettes de l'opéra contemporain.

Mais les restaurants? Toute la gamme: chinois, antillais, grecs, tunisiens, espagnols et de toutes les catégories, depuis la plus quotidienne jusqu'à la plus élevée.

Spécialités? Les carbonnades flamandes, les moules, les soles, le waterzooi, – potage au poulet et à la crème, – le steak Nergal, très pimenté et d'étonnantes préparations de lapin-chasseur.

Les vieilles bières bruxelloises sont à déguster et parmi elles, la gueuze qui se traite comme les champagnes, dans de vastes fûts. Un « tuyau », au vol? La présence de milliers de fonctionnaires européens aux alentours du Rond Point Schuman, suscita dans ce quartier l'établissement de restaurants très soucieux de qualité.

Visitez quelques cimetières bruxellois, vous découvrirez, à Ixelles, les tombes du général Boulanger et de Marguerite de Bonnemain, à Laeken, la petite chapelle funéraire de la Malibran, et si vous êtes hantés par les souvenirs historiques, Waterloo n'est pas loin, avec son Musée du Caillou, son Panorama de la bataille et sa butte surmontée d'un lion de bronze.

En rentrant de cette excursion historique vous fignolerez votre visite de Bruxelles où, pour la bonne bouche et le bonheur du regard, nous vous

Het ogenblik lijkt ons gekomen, om een bezoek te brengen aan *Manneken Pis*, de kleine, slecht opgevoede, maar ongekunstelde burger van Brussel. U kan hem... in volle actie, verrassen op de hoek van de Stoof- en van de Eikstraat.

Is Manneken Pis zeer klein, des te groter is het Brusselse *Gerechtsgebouw*, een mastodont van steen die het waard is, zowel van ver als van dichtbij gezien te worden. Dit omvangrijkste gebouw van Europa werd, tussen 1866 en 1883, door de architect Poelaert opgericht op de Galgenberg, de plaats waar destijds de booswichten werden opgeknoopt.

Op onze tocht door de Regentiestraat bezoeken wij, enerzijds het rijke *instrumentenmuseum* van het Conservatorium, anderzijds de *Onze-Lieve-Vrouw van de Zavelkerk*, een laat-gotisch meesterwerk. Nog in de Regentiestraat: het *Koninklijk Museum voor Schone Kunsten* met zijn beroemde collecties, waaronder prachtige Vlaamse Primitieven, doeken van Van Dyck, Jordaens en Rubens en nog zovele anderen.

Langs het laat-18de-eeuwse Koningsplein bereiken wij nu het Paleizenplein en het *Koninklijk Paleis*. Dit gebouw heeft een hele geschiedenis: in 1820 bewoonde koning Willem I van Holland het voormalige hotel van de Oostenrijkse gevolmachtigde minister Belgiojoso; door middel van een zuilengang verbond hij dit gebouw met het voormalige hotel Bender (opperbevelhebber van de Oostenrijkse troepen). Het aldus tot stand gekomen ensemble werd nadien nog ingrijpend veranderd door de architecten T. F. Suys en G. J. Henry. In 1904 gaf Leopold II opdracht aan Maquet, een nieuwe voorgevel te bouwen in Lodewijk XVI-stijl. De beeldhouwer Vinçotte creëerde het fronton en de Franse beeldhouwer Houtstont zorgde voor enkele bijkomende versieringen. Het paleis werd met een galerij verbonden, enerzijds met het gebouw van het koninklijk budget, anderzijds met het Belle-Vue-paviljoen (gedurende de Honderd Dagen bewoond door de prins van Condé en later door princes Clémentine, de hertog en de hertogin van Brabant).

Langs de Konings- en de Koloniënstraat bereiken wij de imposante *Sint-Michielskathedraal*.

In de *Kapellekerk* bevindt zich het graf van P. Bruegel de Oude.

Wie interesse heeft voor het Zwarte Continent en zijn mysteries, komt best aan zijn trekken in het *Museum voor Centraal Afrika* te Tervuren, waarin een uitzonderlijk boeiende verzameling maskers, beeldhouwwerken, wapens en gebruiksvoorwerpen in ondergebracht.

Het kleine *Museum Charlier* te Sint-Joost-ten-Node geeft een goed beeld van de 19de-eeuwse Belgische schilderkunst, terwijl in het *Wiertzmuseum* te Elsene de reusachtige doeken bewaard worden van deze Waalse schilder die er naar streefde Michelangelo te evenaren.

Liefhebbers van oude wapens, kunnen hun hart ophalen in het wapenmuseum van de *Hallepoort*.

Brussel verlaten zonder een tocht naar het *Erasmushuis* te Anderlecht, zou gelijk staan met het zich ontzeggen van een ontdekkingstocht doorheen het zo geleerde universum van de Renaissance, terwijl anderzijds een kort oponthoud in het *Museum van Elsene* de bezoekers confronteert met een der meest originele schilderijenensembles van de vorige eeuw.

Zoals alle belangrijke steden, bezit Brussel zijn cabarets met aanlokkelijke strip-teaseusen, en variété-artisten. Maar het bezit ook, in de Kleine Beenhouwersstraat, zijn marionnettentheater, het *Theater Toone*, met zijn typisch spektakel, zijn sappig accent, zijn grote poppen met kleurige kleren en starre blik.

De theaters: Rideau de Bruxelles, Galerij, Molière, Parc, de Vlaamse Schouwburg, voeren een zeer gevarieerd programma, terwijl de kleinere avant-gardetheaters zich specialiseren in onbekende of gedurfde stukken.

In de *Muntschouwburg* triomfeert Béjart en zingen de groten vedetten van de hedendaagse opera.

En de spijshuizen? de hele gamma: chinees, antilliaans, grieks, spaans, italiaans en alle kategorieën, vanaf het doodgewone dagjesrestaurant tot het allerexclusiefste.

Specialiteiten: gestoofd vlees, mosselen, tong, waterzooi, kippen- en kreemsoep, de sterkgekruide Nergalsteak, enz.

Er zijn oude Brusselse bieren te proeven, o.m. de gueuze die, in grote vaten en precies als de champagne wordt gewonnen.

Terloops nog een tip: de aanwezigheid van talloze Europese ambtenaren in de omgeving van het Schumanplein, heeft aldaar een hele spijshuisindustrie in het leven geroepen vooral bekend om haar kwaliteit.

Bezoek ook nog enkele Brusselse begraafplaatsen. Te Elsene zal u naast andere beroemdheden de graven vinden van Charles de Coster, generaal Boulanger en Marguerite de Bonnemain; te Laken, de grafkapel van la Malibran.

Wanneer u op grote historische herinneringen uit is, gaat u naar het

avons gardé, comme en réserve, quelques beaux sites urbains et quelques curiosités. Allez voir, par exemple, et revoir la Place Royale construite au XVIIIᵉ siècle sur les directives du gouverneur Charles de Lorraine en style aussi sobre que classique. On y admire la statue équestre de Godefroid de Bouillon et l'*église Saint-Jacques* dont l'intérieur évoque davantage un élégant salon qu'un sanctuaire. Mais enfilez la rue Royale pour y contempler la *Colonne du Congrès* érigée en hommage aux constituants belges de 1830. Sous la colonne repose le *Soldat inconnu*, mort pour sa patrie en 1914-18.

Redescendons au cœur même de la ville pour y découvrir l'harmonieuse *Place des Martyrs* qui portait, quand Charles de Lorraine la fit construire, le nom de Saint-Michel. Elle fut débaptisée après 1830 et désormais vouée à la mémoire des belges tombés lors des combats révolutionnaires. Par la place de la Grue, la place du Samedi, la rue du Cyprès, rendons-nous à la place du Béguinage où s'élève la ravissante église baroque dédiée à *Saint-Jean-Baptiste*. Elle vaut une visite, car elle abrite une jolie madone aux bras croisés et de bons tableaux.

Enfin, si vous souhaitez acquérir à Bruxelles des objets curieux, de vieilles statues, des livres rares ou singuliers, des bronzes, des tableaux ou des armes anciennes, n'omettez pas le *Marché des Antiquaires*, place du Sablon ni le célèbre *Marché aux Puces*, place du Jeu de Balle. Il est pittoresque en diable, surtout le samedi et le dimanche, durant la matinée. Mais c'est à un tout autre genre de « shopping » que vous convient les élégantes galeries bruxelloises où se succèdent boutiques et magasins. Ces galeries, vous les trouverez avenue de la Toison d'Or, chaussée d'Ixelles, près de la Porte de Namur, dans le nouvel immeuble, aussi, qui se trouve entre le théâtre de la Monnaie et la place Brouckère et au Passage 44, au boulevard Botanique.

Vous reste-t-il une journée ou une après-midi à passer à Bruxelles? Découvrez la très pure *Chapelle de Nassau* vestige d'un palais qui brûla au XVIIIᵉ siècle. Elle est sertie dans la nouvelle bibliothèque Albertine, Montagne de la Cour. Au sommet de celle-ci: *le palais de Charles de Lorraine* dont l'élégante façade se situe au bout de la rue du Musée. Non loin de là, le *Palais des Beaux-Arts* est dû à la virtuosité de l'architecte Horta.

Mais le soleil luit-t-il? Offrez vous, aux deux extrémités de Bruxelles, une promenade à Laeken pour y voir le *Palais Royal* et dans la *Maison Chinoise*, des collections de porcelaines, une autre promenade, enfin, dans le *Bois de la Cambre* aux arbres superbes et aux ombreuses allées.

Vous aurez ainsi connu Bruxelles sans programme de visite trop systématique, au gré de vos heures heureuses et charmées.

dichtbijgelegen *Waterloo* met zijn Panorama van de slag, zijn leeuwenheuvel en zijn 'Musée du Caillou'.

Van deze historische uitstap terug, rondt u uw tocht door Brussel af met een bezoek aan enkele uitgelezen plaatsjes. Zo bijvoorbeeld het *Koningsplein*, in de 18de eeuw, naar de richtlijnen van Karel van Lorreinen gebouwd in een even sobere als klassieke stijl. U kan er het standbeeld bewonderen van Godfried van Bouillon, evenals de *Sint-Jacobskerk* waarvan het interieur meer weg heeft van een elegant salon dan van een heiligdom. Terug over de Koningsstraat, komt u voorbij de *Congreszuil*, opgericht als eerbetuiging voor de grondleggers van de Belgische Staat in 1830. Onder de zuil rust de *Onbekende Soldaat*, voor het vaderland gevallen in 1914-18.

Terug in het hart van de stad, ontdekken wij het homogene *Martelarenplein*, eertijds het Sint-Michielsplein geheten. Het plein kreeg zijn nieuwe naam na 1830, in herinnering aan de Belgen die vielen tijdens de kortstondige revolutie van 1830. Langs het Kraanplein, het Zaterdagplein en de Cypresstraat bereiken wij nu het Begijnhofplein met zijn wondermooie barokkerk, gewijd aan *Sint-Jan de Doper*. Zij is een bezoek overwaard.

Is u bovendien liefhebber van curiositeiten, oude beeldjes, zeldzame boeken, bronzen, schilderijen of oude wapens, dan moet u vast een bezoek brengen aan de *Antiekmarkt* op de Zavel of aan de *Vlooienmarkt* op het Kaatsbalplein. Dit laatste is bijzonder schilderachtig, vooral op zaterdag- en zondagvoormiddagen. Een heel andere soort 'shopping' wacht u in de elegante Brusselse galerijen met haar talrijke winkels en magazijnen. Deze galerijen vindt u aan de Gulden Vlieslaan, de Steenweg op Elsene, de Naamse Poort, in het nieuwe gebouw ook dat gelegen is tussen de Muntschouwburg en het de Brouckèreplein en in de Passage 44 aan de Kruidtuinlaan.

Mocht u nog een dag of een namiddag vrij hebben, bezoek dan de zuiver gotische *Kapel van Nassau*, overblijfsel van het oude paleis dat in de 18de eeuw door brand werd verwoest. Ze is ingebouwd in de nieuwe Albert I Bibliotheek op de Kunstberg. Rechts van de Kunstberg nog: het *Paleis van Karel van Lorreinen* waarvan de elegante voorgevel uitgeeft op de Museumstraat.

Niet ver er vandaan, ligt het *Paleis voor Schone Kunsten*, een werk van de architect Horta.

Mocht er zonneschijn zijn, dan raden wij ene wandeling aan, enerzijds naar Laken met zijn *Koninklijk Paleis* en zijn *Chinees Paviljoen*, waarin een boeiende collectie porselein is ondergebracht, anderzijds naar het *Ter Kamerenbos* met zijn prachtige bomen en schaduwrijke lanen.

Zonder gebonden te zijn aan een al te systematisch bezoekprogramma, heeft u aldus Brussel ontdekt en gezien volgens uw innerlijke gesteldheid en de u toegemeten tijd.

A WALK THROUGH THE STREETS OF BRUSSELS

M. Eugène Fromentin must have been a very nice man. He was good as a 19th century painter, and even better as a writer, putting down the following remarks: "Belgium is a marvellous picture-book, the chapters of which are spread everywhere, to the benefit of provincial reputations. The introduction, however, is to be found in Brussels, and nowhere else. To those who would be tempted to skip the introduction in order to get at the book, I would say that they are too early in going for the book, and that they will not read well".

Going for a walk through Brussels, one could start from the place Rogier, and take the boulevard Adolphe Max. At nr 55, one passes *the presbytery*, built between 1713 and 1730, the residence of the rector of the Finistère church.

Taking the rue du Finistère, one reaches the *rue Neuve* with its numerous shopping opportunities. Through the rue St. Michel, one arrives at the *place des Martyrs*, with its classical features, and several monuments to the patriots of 1830, i.a. to Senneval, who wrote the lines of the Belgian national anthem: the Brabançonne. From the place des Martyrs on to the place de *la Monnaie*, where the famous Brussels opera house stands in sharp contrast to the tall building housing the services of the city's *administration*. A glance at the map of Brussels indicates the way to the popular and gay rue Ste Catherine, with its many gabled houses. The location leads on to the Marché aux Poissons, with its excellent restaurants specialising in sea-food, and the *Tour Noire*, a remnant of the Brussels ramparts.

Turning back to the boulevard Anspach, one comes to the *St. Nicolas church*, set among quaint little houses. Inside, one takes a look at a painting by Van Orley "St. Peter's release", a chapel dedicated to the Virgin in 1486 and, near the entrance, a charming *milk-maid* sculpted in the 17th century by Marc Devos.

Through the rue au Beurre one arrives at the *Grand'Place*,—one of the marvels of Western Europe. Before visiting the city hall and the "Maison du Roi" which is the municipal museum, one should detail the market's architectural features. The proud houses were the seats of the various professional corporations in times gone-by. *Le Cygne* (nr 9) was the butchers' house; *le Moulin à Vent* (nr 16) belonged to the millers; *le Pot d'Etain* (nr 17) to the carpenters; *la Colline* (nr 18) to the masons and sculptors; *l'Ange* (nr 24) to the brewers; *le Pigeon* (nr 25) to the painters. Bakers were at home at nr 1 and 2; fat makers at *la Brouette* (nr 3); cabinet-makers and wet coopers at *la Scie* (nr 4). Boatsmen used to meet at *le Cornet* (nr 6), and mercers at *le Renard* (nr 7).

The *city hall* was built between 1420 and 1449; its spire was designed by Jean van Ruysbroeck, architect to Philip the Good. Inside, the visit takes one through the gothic hall, the marriage hall, the hall where the

SPAZIERGANG DURCH BRÜSSEL

Eugène Fromentin war ein besonderer Mensch, ein guter Maler und ein noch besserer Schriftsteller, der folgende Zeilen über Brüssel schrieb: "La Belgique est un livre d'art magnifique dont, heureusement pour la gloire provinciale, les chapitres sont un peu partout, mais dont la préface est à Bruxelles, et rien qu 'à Bruxelles. A toute personne qui serait tentée de sauter la préface pour courir au livre, je dirais qu'elle a tort, ou qu'elle ouvre le livre trop tôt et qu'elle le lira mal."

Wie soll man Brüssel besuchen? Beginnen wir an der Place Rogier und schlagen wir den Boulevard Adolphe Max ein. Im Vorbeigehen schauen wir nach der Nummer 55 aus. Diese Nummer trägt das Pfarrhaus der Finisterrae-Kirche, ein kleines architektonisches Wunder aus dem 18. Jh., gebaut zwischen 1713 und 1730. Wir nehmen nun die Rue de Finisterre und landen in der Rue Neuve mit ihren zahlreichen Einkaufsmöglichkeiten. Längs der Rue St-Michel erreichen wir die Place des Martyrs, die Ähnlichkeit mit einem schönen, klassischen Kupferstich hat. Hier finden wir verschiedene Denkmäler, die zum Andenken der Patrioten errichtet wurden, u.a. für Jenneval, dem Textdichter unserer Nationalhymne. In der Nähe liegt die Place de la Monnaie mit der berühmten Brüsseler Oper, dem Théâtre de la Monnaie und dem neuen Hochhaus in dem die Verwaltungsbehörden der Stadt untergebracht sind.

Sehen wir eben auf den Stadtplan von Brüssel und richten wir unsere Schritte zur volkstümlichen, fröhlichen Rue St-Catherine, in der noch mancher alte Giebel zu sehen ist. Sie bringt uns zum Marché aux Poissons, wo verschiedene Restaurants schmackhafte Krustentiergerichte anbieten und zum "Schwarzen Turm", einem Überrest der alten Stadtmauer aus dem 13. Jh. Wir kehren zurück nach dem Boulevard Anspach und besuchen die in der Nähe gelegene St-Nikolauskirche mit den angebauten, malerischen Häuschen. Ausser einem Gemälde von Van Orley, das die "Erlösung des St. Petrus" darstellt, finden wir dort noch eine der Maria geweihte Seitenkapelle aus dem 15. Jh., und die bekannte Votivskulptur "Christus mit dem kupfernen Fuss". Dicht beim Eingang der Kirche steht das von Legenden umwobene steinerne "Milchmädchen", von M. De Vos (Ende des 17. Jh.). Die Rue au Beurre entlang kommen wir auf den Marktplatz, eine wunderbare architektonische Einheit, eine der schönsten von Europa.

Bevor wir das Rathaus und das Stadtmuseum im sog. "Broodhuis" besuchen, wollen wir dieses märchenhafte Dekor zusammen entdecken. Er besteht hauptsächlich aus Zunfthäusern, damals gebaut von den Brüsseler Handwerkern. *Der Schwan* (Nr. 9) war der Sitz der Fleischergilde, *Die Windmühle* (Nr. 16) der der Müller, *Die zinnerne Kanne* (Nr. 17) der der Zimmerleute, *Der Hügel* (Nr. 18) gehörte der Maurern und Bildhauern, *Der Engel* (Nr. 24) den Brauern, *Die Taube* (Nr. 25) den Malern. Die Bäcker sassen in

BRUSELAS A TRAVÉS DE SUS CALLES

¡Qué hombre más amable el señor Eugène Fromentin! No satisfecho con pintar bien y escribir mejor todavía, este artista que vivía en el siglo XIX, firmó estas líneas: "Bélgica es un magnífico libro de arte cuyos capítulos, afortunadamente para la gloria provincial, son un poco de todas partes, pero cuyo prefacio es de Bruselas, y nada más que de Bruselas".

A toda persona que se viese tentada con saltar el prefacio para llegar más pronto al libro en sí, yo diría que está errada, que abre el libro demasiado temprano y que lo leerá mal.

¿Cómo visitar Bruselas? Empecemos partiendo de la plaza Rogier y tomemos el bulevar Adolphe Max. En el n° 55, admiremos de paso el bresbiterio del siglo XVII y en donde vive el cura de la iglesia del Finistère, pequeña maravilla edificada de 1713 a 1730.

Tomemos la calle del Finistère y pronto llegamos a la *rue Neuve* en que no faltan las ocasiones de comprar Por la calle San Miguel, desembocamos en la plaza de los Mártires que se parece a una linda estampa, muy clásica. Nos ofrece varios monumentos elevados a la memoria de los patriotas de 1830 y entre éstos: Jenneval que compuso la letra del himno nacional belga: la Brabanzona. De la plaza de los Mártires, llegamos rápidamente a la de *la Monnaie* en que el contraste arquitectónico entre la célebre Opera bruselense y el alto "building" ocupado por la administración municipal de la ciudad, es más bien impresionante. Una ojeada al mapa de Bruselas y nos dirigimos hacia la calle santa Catalina, populosa, divertida, y en que se pueden observar varios tejados barrocos. Esta calle nos lleva al Mercado de los Pescados afamado por sus restaurantes de crustaceos y por su *Torre Negra*, vestigio de las murallas bruselenses del siglo XIII.

Pasamos por el bulevar Anspach para ir a la iglesia San Nicolás engarzada en medio de pintorescas casitas. En este santuario, un cuadro de van Orley: "La redención de San Pedro", una capilla de la Virgen, de 1486, y cerca de la entrada, una encantadora "Lechera" esculpida a fines del siglo XVII por Marc Devos.

Por la calle "au Beurre", llegamos a la *Plaza Mayor*, una de las joyas de Occidente. Antes de visitar el Ayuntamiento y el museo municipal de la *Casa del Rey*, descubramos juntos esta vista de ensueño. La constituyen las casas corporativas, las de los oficios bruselenses de antaño. *El Cisne* (n° 9) era la sede de la corporacíon de los carniceros, *El Molino de viento* (n° 16), la de los molineros, *El Jarro de Estaño* (n° 17), la de los carpinteros, *La Colina* (n° 18), la de los albañiles y escultores, *El Angel* (n° 24), la de los cerveceros, *La Paloma* (n° 25), la de los pintores. Los panaderos ocupaban los numeros 1 y 2. Los manteque-ros estaban en el n° 3, en *El Volquete*, mientras que el n° 4, *El Serrucho*, era la casa de los ebanistas y tonele-ros. Los bateleros ocupaban el n° 6: *La Corneta*, y por

city magistrates hold their sessions, the Maximilian hall, and Mary of Burgundy's ante-room, with unfamiliar paintings showing Brussels before the Senne was vaulted over.

The *galeries St-Hubert* are at a stone's throw from the Grand'Place. They were the first to be built in Europe, in 1846, by Cluysenaer, the architect. They are 213 m in length, 18 m in height, and contain two theatres, several restaurants and shops.

Nearby are the rue des Bouchers and the rue des Dominicains, reputed for their restaurants and merry atmosphere, particularly in the evening, when artists are mingling with amateurs of good food.

Time, by now, has come for calling on the smallest citizen of Brussels, *Manneken Pis*, to be seen in action at the corner of the rue de l'Etuve and the rue du Chêne.

The *Palais de Justice*, in contrast with tiny Manneken Pis, is a huge stone building worth seeing from both a distance and near-by.

This building—the largest in Europe—was erected in 1866-1883 by its architect Poelaert, on the Galgenberg, the place where criminals were hanged in old times.

The rue de la Régence has two marvels to offer: the Conservatoire's *museum of instruments* and the *Notre Dame des Victoires* church, a master-piece of late gothic architecture. Also located in the same street is the *Musée d'Art Ancien*, which possesses many famous paintings, e.g. by Flemish gothic artists, Van Dyck's superb portrait of Father della Faille, canvases by Jordaens, sketches and paintings by Rubens, etc..

Crossing the place Royale, one reaches the *place des Palais*, and the King's palace. Quite a story is attached to the building. In 1820 King William of the Netherlands was living in the former residence of minister plenipotentiary Belgiojoso. He arranged for a colonnade to be erected between the said house and the former Bender residence (who had been commander-in-chief of the Austrian armies). The building as a whole underwent successive alterations under the architects Vanderstraeten, T.F. Suys, and G.C. Henry.

King Leopold II commissioned Maquet, in 1904, to re-model the façade in Louis XVI style. Vinçotte made the tympanum for the pediment and Houtstont, the French sculptor, supplied a series of ornaments such as baskets, garlands, etc.. Galeries were built between the Palace on the one hand, and the two buildings on either side. The one on the left is occupied by the Civil List, and the one on the right is the Pavillon de Belle-Vue (which was occupied by the Prince de Condé during the Cent Jours; in later days, Princes Clémentine, and the Duke and Duchess of Brabant lived there.)

The rue Royale and rue des Colonies lead on to the *St. Michael cathedral*, an imposing and noble church. Behind the high altar the zodiacal signs are ingraved on marble flags. In the church of *Notre Dame de la Chapelle* there is the tomb of Peter Bruegel the Elder. Those who are interested in African affairs will pay a visit to the *Musée d'Afrique Centrale* at Tervueren, with its extraordinary collection of statues, masks, weapons, and utensils.

The small *Musée Charlier* at Saint-Josse provides an adequate survey of 19th century Belgian painting. The *Musée Wiertz*, at Ixelles, houses the huge canvases of this Walloon painter who wanted to rank as a second Michel Angelo.

The *Porte de Hal* will delight the connoisseur of old weapons, with its wealth of spears, swords, breast-plates and helmets.

One should not depart from Brussels without

Nr. 1 und 2, die Tischler und Küfer im Haus *Die Säge* (Nr. 4), die Schiffer im *Horn* (Nr. 6), die Kurzwarenhändler im *Fuchs* (Nr. 7).

Der Bau des Rathauses wurde im Jahre 1420 begonnen und war 1449 beendigt. Der Turm des Rathauses war die Arbeit von Jan van Ruysbroeck, dem Architekten Philipp des Guten.

Im Rathaus kann man den Gotischen Saal besichtigen, den Trausaal, den der Gemeinderäte, den Maximilianssaal und das Zimmer von Maria von Burgund, wo man Gemälde von Brüssel bewundern kann, die die Stadt vor der Überwölbung der Senne darstellen.

Vom Grossen Markt aus besuchen wir die St-Hubertusgalerien, die die ersten ihrer Art in Europa waren. Sie wurden 1846 durch den Architekt Cluysenaer erbaut, haben eine Gesamtlänge von 213 m, sind 18 m hoch und enthalten u.a. zwei Theater, verschiedene Restaurants und viele elegante Läden. Wir sind nun in der Nähe der Rue des Bouchers und der Rue des Dominicains, einem Stadtteil, wo man gut essen und sich gut amüsieren kann, wo abends die Bohème und die Feinschmecker sich begegnen.

Nun ist der Augenblick gekommen, um den kleinen, ungezogenen, aber natürlichen Bürger Brüssels zu besuchen: Manneken Pis. Sie können ihn... vollauf beschäftigt, Ecke Rue de l'Étuve und Rue du Chêne, überraschen.

Ist das Manneken Pis sehr klein, um so grösser ist das Brüsseler Gerichtsgebäude, ein Gigant aus Stein, den man von weitem wie aus der Nähe gesehen haben muss.

Dieses umfangreichste Gebäude von Europa wurde zwischen 1866 und 1883 durch den Architekten Poelaert auf dem Galgenberg, wo früher die Missetäter gehängt wurden, erbaut. Auf unserem Spaziergang durch die Rue de la Régence besuchen wir das Instrumentenmuseum des Konservatoriums auf der einen Seite, auf der anderen die Liebfrauenkirche vom Sablon, ein spätgotisches Meisterwerk. Noch immer in derselben Strasse liegt das Königl. Museum für bildende Kunst mit seinen berühmten Sammlungen, darunter prachtvolle flämische Primitive, Gemälde von Van Dyck, Jordaens und Rubens und von vielen anderen. Über den Königsplatz kommen wir nun auf die Place des Palais mit dem königlichen Schloss. Dieses Gebäude hat eine ganze Geschichte: 1820 bewohnte König Wilhelm von Holland den früheren Wohnsitz des Österreichischen Bevollmächtigten, Minister Belgiojoso. Durch einen Säulengang verbandt er dieses Gebäude mit dem früheren "Hotel Bender" (Oberbefehlshaber der Österreichischen Truppen). Das so entstandene Ganze wurde später eingreifend durch die Architekten T.F. Suys und G.J. Henry verändert. 1904 gab Leopold II. dem Architekten Maquet den Auftrag eine neue Fassade im Stil Ludwig XVI. zu bauen. Der Bildhauer Vinçotte schuf das Fronton und der Franzose Houtstont sorgte für einige zusätzliche Verzierungen. Das Schloss wurde durch eine Galerie mit dem Belle-Vue-Pavillon verbunden, (der während der "Hundert Tage" vom Prinzen von Condé, von Prinzessin Clémentine und dem Herzog und der Herzogin von Brabant bewohnt wurde.)

Durch die Rue Royale und Rue des Colonies kommen wir zu der imposanten St.-Michaelskathedrale.

In der "Kapellenkirche" befindet sich das Grab von P. Bruegel d.Ä. Wer sich für den Schwarzen Kontinent interessiert, besuche das Museum für Zentralafrika in Tervuren, wo aussergewöhnlich schöne Sammlungen von Masken, Skulpturen, Waffen und Gebrauchsgegenständen untergebracht sind.

Das kleine Museum Charlier in St-Josse vermittelt

fin *El Zorro*, en el n° 7, era la casa corporativa de los merceros. El *Ayuntamiento* cuya construcción comenzó en 1420 y se acabó en 1449 es adornada de una torre, obra de Jean van Ruysbroeck, el arquitecto de Felipe el Bueno.

Dentro del Ayuntamiento, visitamos la sala gótica, la de las bodas, la sala del Concejo municipal, la sala maximiliana y la antecámara de María de Borgoña en donde se ven curiosos cuadros representando a Bruselas antes de que se abovedara el Senne.

De la Plaza Mayor, iremos a las *Galerías San Huberto*, primeras de su género en Europa puesto que fueron edificadas en 1846 por el arquitecto Cluysenaer. Tienen 213 metros de largo y 18 metros de alto. En las mismas hay dos teatros, restaurantes y tiendas.

De las Galerias San Huberto, pasamos al barrio de la calle de los Carniceros y de la calle de los Dominicos. Ahí se come bien y, por la noche, uno se divierte codeándose con artistas bohemios, burgueses gastrónomos.

Ha llegado la hora de una peregrinación al *Manneken Pis*, el pequeño ciudadano bruselense, tan mal criado pero tan ingénuo. Lo sorprenderán en plena acción, a esquina de la calles de la Estufa y del Roble.

Si bien es cierto que Manneken Pis es diminuto, el *Palacio de Justicia*, en cambio, es un mastodonte de piedra que merece ser visto, tanto desde lejos como de cerca. Monumento más voluminoso de Europa, fue erigido de 1866 a 1883, por el arquitecto Poelaert, en el Galgenberg, lugar donde antaño, ahorcaban a los criminales, en Bruselas.

Por la calle de la Regencia, nos hallamos esta vez entre dos esplendores: el *museo instrumental* del Conservatorio y la *iglesia de Nuestra Señora de las Victorias*, obra maestra de gótico flamígero. También en la calle de la Regencia: el *Museo de Arte Antiguo* que abriga cuadros célebres; entre éstos, bellos primitivos flamencos y el admirable retrato del R.P. della Faille por Van Dyck, telas de Jordaens, esbozos y cuadros de Rubens, etc.

Por la plaza Real, llegamos entonces a la de los *Palacios* donde está situado el *Palacio del Rey*. Este edificio tiene una larga historia, como nos lo relata un erudito. Nos cuenta que en 1820, el Rey Guillermo de Holanda ocupaba la antigua residencia del Ministro plenipotenciario de Belgiojoso; con una columnata central reunió este edificio con la antigua residencia Bender (comandante general de las tropas austríacas); los arquitectos Vanderstraeten, T.F. Suys y G.J. Henry modificaron sucesivamente el conjunto de las construcciones. En 1904, el Rey Leopoldo II encargó a Maquet la reconstrucción de la fachada en estilo Luis XVI; Vinçotte esculpió el frontón y el escultor francés Houtstont agregó algunos ornamentos, cornisas, guirnaldas, etc. Por medio de una galería del propio Palacio reunieron el Edificio de la Lista Civil con el Pabellón de Bella Vista (donde residió el Príncipe de Condé durante los Cien Días); más tarde lo ocuparon la Princesa Clementina, el Duque y la Duquesa de Brabante.

Por la calle Real y la de las Colonias nos acercamos a la *Catedral San Miguel*, imponente y noble. Detrás de su altar mayor, en baldosas de mármol, están grabados todos los signos del zodiaco. En la iglesia *Nuestra Señora de la Capilla* veremos también el sepulcro del célebre pintor Pierre Bruegel, pero si uno siente pasión por el Continente Negro y sus misterios, es a Tervueren a donde hay que ir para visitar su *Museo de Africa Central* que posee una extraordinaria colección de estatuas, máscaras, armas y utensilios.

En el municipio de Saint-Josse, el pequeño *Museo Charlier* da una idea perfecta de lo que fue la pintura belga en el siglo XIX mientras que en Ixelles, el *Museo*

having paid a visit to the house, at Anderlecht, where *Erasmus* lived for a while, in the hey-days of the Renaissance. The *Musée des Beaux-Arts*, at Ixelles, on the other hand, offers a fine selection of contemporary Belgian paintings from the 19th century onwards.

Brussels, like all other large cities, has its night-clubs with attractive strip-teasing girls and expert jugglers. Far more typical, however, is *Toone's théâtre de marionettes*, in the Petite rue des Bouchers, where elongated puppets in glittering costumes are involved in melodramas voiced in a very funny dialect.

Several theatres—Rideau de Bruxelles, Galeries, Molière, Parc, Vlaamse Schouwburg—provide a variety of plays. Small avant-garde houses are exploring the advanced or lesser-known drama production.

At the Monnaie, Béjart's ballets are drawing crowds, and some of the world's best singers are currently involved in contemporary opera production.

Restaurants? There is a full range of them—Chinese, Greek, West-Indian, Tunisian, Spanish—in all categories, from the most simple to the most expensive.

Culinary specialities include carbonnades flamandes, moules (mussels), soles, waterzooi (a soup with chicken and cream), the highly spiced steak Nergal, and marvellous varieties of lapin-chasseur (rabbit).

Old Brussels kinds of beer still are available, such as "gueuze" which is carried, like champagne wine, in huge casks.

A little tip: the presence of thousands of European officials in the area of the Rond Point Schuman has led to the opening there of a number of high quality restaurants.

During visits to some of Brussels's cemeteries one can view, at Ixelles, the graves of general Boulanger and Marguerite de Bonnemain; at Laeken the small chapel over Malibran's tomb. History beckons from near-by Waterloo, with its Musée du Caillou, its Panorama of the battle, and its mound topped by a bronze lion.

Back from this first reconnoitring walk, one can indulge in closer inspections. Worth while a closer visit is, for instance, the *place Royale* built in the 18th century on instructions from the Austrian governor Charles of Lorraine, in a sober, classical style. In its centre is the monument to Godefroid de Bouillon, and on one of its sides the *St. Jacques church* with its somewhat mundane interior features. In the rue Royale arises the *Colonne du Congrès*, built in honour of the 1830 members of the Constituant Assembly. Under the column is the tomb of the *Unknown Soldier*, a victim of the 1914-1918 war.

Turning downtown, one details the elegant *place des Martyrs*, formerly called place Saint-Michel after its completion under Charles de Lorraine. The name was altered after 1830 to commemorate the victims of the uprising. Through the place de la Grue, place du Samedi, and rue du Cyprès, one comes to the rue du Béguinage with the beautiful baroque *church of St. Jean-Baptiste*, well worth a visit, for it houses a fine madonna with folded arms, and good paintings.

For those who collect curio's, old statues, rare or unusual books, bronze casts, old weapons, or paintings the *Marché des Antiquaires*, at the Place du Sablon, and the well-known *Marché au Puces*, at the place du Jeu de Balle are musts. The latter, particularly, is worth a visit on Saturdays and Sundays, in the morning.

For an entirely different kind of shopping, however, one should make for the shops and boutiques in

ein gutes Bild der belgischen Malerei des 19. Jh. In dem Wiertz-Museum in Elsene dagegen werden die riesigen Gemälde des wallonischen Malers Wiertz aufbewahrt, der Michelangelo gleichen wollte.

Wer Freude an alten Waffen hat, besuche das Waffenmuseum in der Halleepoort.

Aber Brüssel zu verlassen, ohne das Erasmushaus in Anderlecht gesehen zu haben, würde bedeuten, auf eine Entdeckungsfahrt durch das gelehrte Universum der Renaissance zu verzichten. Auch ein Besuch des Museum von Elsene ist zu empfehlen. Hier kann man eine sehr originelle Gemäldesammlung des vorigen Jahrhunderts bewundern.

Wie jede grosse Stadt hat auch Brüssel verlockende Varietés und Striptaselokale. Aber es hat in der Petite Rue des Bouchers etwas ganz besonderes: das Theater Toone, mit seinem sehr typischen Spektakel, dem saftigen Brüsseler Dialekt, den grossen Puppen in farbenfrohen Kleidern und starrenden Augen.

Die Theater: Rideau de Bruxelles, Galerie, Molière, Parc, das Flämische Theater bringen ein sehr abwechslungsreiches Programma, die kleinen Avantgarde-theater spezialisieren sich vor allem auf die Aufführung von unbekannten und gewagten Stücken.

Im Théâtre de la Monnaie triumphiert Béjart und singen die grossen Stars der heutigen Oper.

Und die Restaurants? Da gibt es eine ganze Reihe: Chinesische, antillianische, griechische, spanische, italienische und in allen Preisklassen, von dem einfachsten Speisehaus bis zu dem exklusivsten. Spezialitäten sind: geschmortes Fleisch, Muscheln, "Waterzooi", Seezunge, Hühner- und Kremsuppen, das sehr gewürzte Nergalsteak, usw.

Man muss auch die Brüsseler Biere probieren, z.B. den Gueuze, der in grossen Fässern ähnlich wie Sekt hergestellt wird. Nebenbei noch schnell einen Tip: durch die Anwesenheit der zahllosen europäischen Beamten an der Place Schuman haben sich dort in der Umgebung eine ganze Reihe vorzüglicher Restaurants niedergelassen.

Empfehlenswert ist auch der Besuch der Brüsseler Friedhöfe. In Elsene findet man neben anderen Berühmtheiten die Gräber von Charles de Coster, General Boulanger und Marguerite de Bonnemain; in Laeken die wie eine kleine Kapelle gebaute Gruft der berühmten Sängerin Malibran.

Interessiert man sich für grosse historische Ereignisse, empfiehlt sich ein Besuch des nahe gelegenen Waterloo mit seinem Schlachtfeldpanorama, dem Löwenhügel und dem Musée de Caillon.

Nach diesem Ausflug in die Geschichte kann man noch einige besondere Orte aufsuchen: so z.B. den Königsplatz aus dem 18. Jh., nach den Anweisungen Karls von Lothringen in einem schlichten und klassischen Stil angelegt. Sie können dort das Standbild von Gottfried von Bouillon bewundern sowie die St.-Jakobskirche, deren Interieur mehr einem eleganten Salon als einem Gotteshause ähnelt.

Gehen Sie die Königsstrasse zurück, dann kommen Sie an der Kongressäule vorbei, die 1830 als Ehrenmal für die Gründer des belgischen Staates errichtet wurde. Unter der Säule ruht der "Unbekannte Soldat", der für das Vaterland im Kriege 1914-1918 gefallen ist.

Im Herzen der Stadt entdecken wir die einheitlich erbaute Place des Martyrs, früher Place St.-Michel genannt. Dieser Platz bekam seinen neuen Namen nach 1830 zur Erinnerung an die Belgier, die in der Revolution von 1830 fielen. Über die Place de la Grue, Place de Samedi und die Rue du Cyprès kommen wir auf die Place du Béguinage mit der wunderschönen Barockkirche Johannes des Täufer. Ein Besuch dieser Kirche lohnt wirklich die Mühe. Wenn Sie ausserdem noch ein Liebhaber von Kuriositäten, alten Plastiken, seltsamen Büchern, Bronzen, Gemälden oder alter

Wiertz abriga las gigantescas telas de este artista valón que quiso igualarse a Miguel Angel.

En la *Puerta de Hal*, los aficionados a las armas antiguas se verán plenamente satisfechos recorriendo un museo erizado de lanzas, espadas, armaduras de puntiagudos ángulos y rudos cascos.

Dejar Bruselas sin visitar la casa donde viviera Erasmo, en Anderlecht, sería privarse de una incursión a través del universo tan erudito del Renacimiento y no hacer una pausa en el *Museo de Bellas Artes de Ixelles* sería omitir uno de los más originales conjuntos de cuadros del siglo pasado.

Si Bruselas, como todas las ciudades importantes, tiene sus cabarets de striptease, con sus provocativas bailarinas y expertos volatineros, nos invita también, en la "Petite rue des Bouchers", al *teatro de títeres de Toone*: espectáculo típico, acento sabroso, grandes muñecos de abigarrados trajes y miradas fijas. Los teatros: "Rideau" de Bruselas, Galerías, Molière, Parque, Flamenco, presentan un repertorio muy variado mientras que pequeñas salas de vanguardia se dedican a la prospección de obras audaces o desconocidas. En la Monnaie triunfa Béjart y cantan las grandes estrellas de la ópera contemporánea.

Pero, ¿y los restaurantes? Los hay en gran escala: chinos, antillanos, griegos, tunecinos, españoles y de todas las categorías, desde la más sencilla hasta la más elevada.

¿Especialidades? Las "carbonnades" (guisado) flamencas, los mejillones, los lenguados, el "waterzooi" — sopa de pollo y crema, — el steak Nergal, muy condimentado y sabrosas preparaciones de conejo a la cazadora.

Es preciso saborear las renombradas cervezas bruselenses y entre éstas, la "gueuze" que se trata como las champañas, en grandes barriles. ¿Un informe, de pasada? La presencia de miles de funcionarios europeos en las cercanías del Rond Point Schuman, suscita en este barrio el establecimiento de restaurantes muy cuidadosos en cuanto a calidad.

Visiten algunos cementerios bruselenses y descubrirán, en Ixelles, las tumbas del general Boulanger y de Marguerite de Bonnemain, en Laeken, la pequeña capilla funeraria de la Malibran, y si usted es un fanático de los recuerdos históricos, Waterloo no está lejos, con su Museo del "Caillou", su Panorama de la batalla y su loma rematada por un león de bronce.

Al regresar de esta excursión histórica usted finiquitará con broche de oro su visita de Bruselas donde le reservamos algunos bellos sitios urbanos y algunas curiosidades. Por ejemplo, vayan a ver y volver a ver la Plaza Real construida en el siglo XVIII, bajo las directivas del gobernador Carlos de Lorena, en un estilo tan sobrio como clásico. En la misma puede admirarse la estatua ecuestre de Godofredo de Bouillon y la *iglesia Santiago* cuyo interior evoca más bien un elegante salón que un santuario. Pero tome por la calle Real para contemplar en ella la *Columna del Congreso* erigida en homenaje a los constituyentes belgas de 1830. Debajo de la columna reposa el *Soldado Desconocido*, muerto para su patria en 1914-18.

Volvamos a bajar al corazón mismo de la ciudad para descubrir la armoniosa *Plaza de los Mártires* que llevaba, cuando la hizo construir Carlos de Lorena, el nombre de San Miguel. Le fue cambiado el nombre después de 1830 y desde entonces fue dedicada a la memoria de los Belgas caídos en los combates revolucionarios. Por la plaza de la Grua, la plaza del Sábado, a calle del Ciprés, pasamos a la plaza del Beaterio donde se alza la linda iglesia barroca dedicada a San Juan Bautista. Merece una visita, pues abriga una

Brussels's very "classy" galleries: avenue de la Toison d'Or; chaussée d'Ixelles (near the Porte de Namur); in the new building between the theâtre de la Monnaie and place de Brouckère; and in Passage 44, on the boulevard Botanique.

Time permitting, one should see, in Brussels, the elegant *chapelle de Nassau*, a remnant of a castle that was destroyed by fire in the 18th century. The chapel has been incorporated into the new bibliothèque Albertine, at the Montagne de la Cour. Beyond the library, one discovers, at the end of the rue du Musée, the fine façade of *Charles of Lorraine's palace*. In the same area the *Palais des Beaux-Arts* is to be found, an architectural feat by Horta. And, on a sunny day, one may opt for a stroll through Laeken, with its *Royal residence*, and its *Maison Chinoise* full of beautiful china-ware, or through the *bois de la Cambre*, with its superb trees and shady groves. This will give the visitor an insight of Brussels that will be a welcome addition to earlier and more systematic sight-seeing tours.

Waffen sind, müssen Sie unbedingt den Antiquitätenmarkt auf der Place de Sablon oder den Flohmarkt (Place du Jeu de Balle) besuchen. Letzterer ist besonders pittoresk, vor allem an Sams- und Sonntagvormittagen.

Eine andere Art des Einkaufs erwartet Sie in den eleganten Galerien von Brüssel mit den zahlreichen Läden und grossen Warenhäusern. Diese Galerien befinden sich an der Avenue de la Toison d'Or, Chaussée d'Ixelles, Porte Namur, in dem neuen Hochhaus, zwischen dem Théâtre de la Monnaie und Place de Brouckère, und in der Passage 44 am Boulevard Botanique.

Haben Sie noch einen Tag oder Nachmittag frei, besuchen Sie die in reiner Gotik erbaute Nassaukapelle, einen Überrest des alten Palasts, der im 18. Jh. durch Brand verwüstet wurde. Sie ist in der neuen Albert-I-Bibliothek am Montagne de la Cour eingebaut. Rechts vom Montagne de la Cour steht der Palast Karls von Lothringen, dessen elegante Vorderfront auf die Rue du Musée schaut.

Nicht weit davon liegt der Palais des Beaux Arts, ein Werk des Architekten Horta.

Wenn die Sonne scheint, raten wir zu einem Spaziergang: einmal nach Laeken zum Königlichen Schloss und dem chinesischen Haus, in dem eine interessante Sammlung Porzellan zu sehen ist; zum andern nach Ter Kamerenwald mit seinen prächtigen Bäumen und schattigen Alleen.

Ohne an ein systematisches Besuchsprogramma gebunden zu sein, haben Sie so Brüssel entdecken und nach eigenen Interessen und in der Ihnen zugemesseuen Zeit sehen können.

linda madona de brazos cruzados así como bellos cuadros.

En fin, si usted desea adquirir en Bruselas objetos curiosos, viejas estatuas, libros raros, bronces, cuadros o armas antiguas, no deje de ir al *Mercado de los Anticuarios*, plaza del Sablon, ni al célebre *Marché aux Puces* (Mercado de cosas viejas) en la plaza del "Jeu de Balle". Es pintoresco hasta más no poder, sobre todo el sábado y el domingo por la mañana. Pero es a una clase muy distinta de "shopping" a que le convidan las elegantes galerías bruselenses en que se suceden "boutiques" y tiendas. Estas galerías, las encontrarán en la avenida del Toisón de Oro, en la "chaussée d'Ixelles", cerca de la Puerta de Namur, y también en el nuevo edificio ubicado entre el teatro de la Monnaie y la plaza de Brouckère, así como en el Pasaje 44, en el bulevar Botánico.

¿ Le queda un día o una tarde que pasar en Bruselas ? Descubra entonces la admirable *Capilla de Nassau*, vestigio de un palacio que se quemó en el siglo XVIII. Está enclavada en la nueva biblioteca Albertina, en la "Montagne de la Cour" (Montaña de la Corte). En la parte alta de la misma: el *palacio de Carlos de Lorena* cuya elegante fachada se situa al final de la calle del Museo. No lejos de ahí, el *Palacio de Bellas Artes*, debido al virtuosismo del arquitecto Horta.

Pero si brilla el sol, ofrézcase dos paseos en las dos extremidades de Bruselas; un paseo en Laeken para ver el *Palacio Real* y ,en la *Casa China*, colecciones de porcelanas, y otro paseo por el Bosque de la Cambre, con sus majestuosos árboles y sombreadas alamedas.

De esta manera habrá conocido a Bruselas sin programa de visitas demasiado sistemático, a su antojo.

Table de matières - Inhoud - Contents - Inhalt - Indice